餐饮精细化管理与运营系列

餐饮店长怎样带队伍

店长管理的100个小细节

匡仲潇　主编

化学工业出版社

·北京·

《餐饮店长怎样带队伍——店长管理的100个小细节》一书，由成功店长的法宝——细节管理导入，分12章100个细节点，对于餐饮店长在餐饮管理过程中应该怎样带队伍进行了详细的解读和描述。具体包括员工管理、激励管理、前厅管理、服务管理、后厨管理、菜品管理、采购管理、卫生管理、安全管理、营销管理、外卖管理和成本控制。

本书进行模块化设置，内容实用性强，着重突出可操作性，为餐饮店长管理餐饮店提供了100个实用的细节进行参考。本书可供餐饮服务行业的店长、管理人员、服务员参照借鉴，也可作为餐饮培训机构、酒店类职业院校的老师和学生参考用书。

图书在版编目（CIP）数据

餐饮店长怎样带队伍：店长管理的100个小细节/匡仲潇主编.
—北京：化学工业出版社，2020.1（2024.1重印）
（餐饮精细化管理与运营系列）
ISBN 978-7-122-35198-2

Ⅰ.①餐…　Ⅱ.①匡…　Ⅲ.①饮食业-经管管理　Ⅳ.①F719.3

中国版本图书馆CIP数据核字（2019）第198192号

责任编辑：陈　蕾　　　　　　　　　　　装帧设计：尹琳琳
责任校对：张雨彤

出版发行：化学工业出版社（北京市东城区青年湖南街13号　邮政编码100011）
印　　　装：涿州市般润文化传播有限公司
710mm×1000mm　1/16　印张14　字数252千字　2024年1月北京第1版第3次印刷

购书咨询：010-64518888　　　　　　　　售后服务：010-64518899
网　　　址：http://www.cip.com.cn
凡购买本书，如有缺损质量问题，本社销售中心负责调换。

定　　价：58.00元　　　　　　　　　　　　　　　版权所有　违者必究

前言

PREFACE

"民以食为天"。长期以来，餐饮业作为第三产业中的主要行业之一，对刺激消费需求、推动经济增长发挥了重要作用，在扩大内需、安置就业、繁荣市场以及提高人民生活水平质量等方面，都做出了积极贡献。

目前，餐饮业在发展的同时，面临着食品原材料成本上升、劳动力成本提升、管理人才匮乏、成本控制难等多方面问题，行业竞争愈演愈烈。而且，餐饮业务构成复杂，既包括对外销售，也包括内部管理；既要考虑根据餐饮企业的内部条件和外部的市场变化，选择正确的经营目标、方针和策略，又要合理组织内部的人、财、物，提高质量，降低消耗。另外，从人员构成和工作性质来看，餐饮业有技术工种，又有服务工种；既有操作技术，又有烹调、服务艺术，是技术和艺术的结合。这必然给餐饮管理增加一定的难度。

尤其是餐饮用工成本高、年轻劳动力紧缺，有人预言："至少在未来10年内，餐饮业用工难的问题一直都会存在。"因此，餐饮业的经营者、管理者需要不断优化管理方式，增强团队领导力，凝聚人心，提高管理成效和团队效能，才能抓住机遇，迎接挑战，立于不败之地。

管理人心、征服人心，是最好的管人方法。高效的管理，既要管控绩效与成本，又要顺应人心，激发员工发自内心的信念和动机，以增强他们敬业专注的驱动力！对于如何凝聚人心、认同愿景，需要通过管理中的技能、方法、工具和细节，带好团队，征服员工的心，推动企业战略获得员工的真心拥护和用心执行，最终提升整个团队的凝聚力和绩效水平。

餐饮的成功取决于细节的积累，什么是细节？这种细节就是日常的工作程序、服务规程、服务标准的体现，关注细节已经成为餐饮业经营制胜的法宝。同时，餐饮企业要突破目前的困局，做大做强，还要加强整个企业内部的人力、物力、财力，加强内部的管理，尽可能地降低成本，同时，掌握好市场的动向，做好市场营销推广，为客户提供更优质的服务来吸引广大消费者，从而促使企业健康地成长下去。

《餐饮店长怎样带队伍——店长管理的100个小细节》一书由成功店长的法宝——细节管理导入，分12章100个细节点，对于餐饮店长在餐饮管理过程中应该怎样带队伍进行了详细的解读和描述，具体包括员工管理、激励管理、前厅管理、服务管理、后厨管理、菜品管理、采购管理、卫生管理、安全管理、营销管理、外卖管理和成本控制12章。

本书进行模块化设置，内容实用性强，着重突出可操作性，为餐饮店长管理餐饮店提供了100个实用的细节进行参考。本书可供餐饮服务行业的店长、管理人员、服务员参照借鉴，也可作为餐饮培训机构、酒店类职业院校的老师和学生参考用书。

由于编者水平有限，加之时间仓促、参考资料有限，书中难免出现疏漏与缺陷，敬请读者批评指正。

编　者

目 录
CONTENTS

　　餐饮业是一种人性化的服务业，服务品质的好坏直接影响到经营效果，而服务品质是由企业员工创造出来的，所以企业员工素质的高低也就变成了主宰企业命运的重要因素。

企业要想留住人才，最关键的因素就是企业的绩效管理与薪酬设计。绩效管理的目的是激励员工，而非考核员工。在进行绩效考核的同时还需要配备以激励模式，从而真正达到绩效管理的目的。

前厅服务是餐饮服务中的重点。前厅是直接与顾客接触的场所，服务的好坏直接关系到顾客的满意程度。如果前厅服务不能得到顾客的赞同，那么整个服务过程都会前功尽弃。

第 **4** 章 服务管理 ……………………………………………… 59

现在餐饮业竞争日益严酷，比的不单单是菜品、价格、卫生、环境，更是体现在服务上。服务质量的优劣可直接关系到整个餐饮企业在顾客心目中的形象，所以餐饮企业应该在服务的过程中逐步提高自己的质量，让顾客在享受美食的同时也体验餐饮企业带来的优质服务。

厨房是餐饮的核心，厨房的管理是餐饮管理的重要组成部分。厨房的管理水平和出品质量，直接影响餐饮的特色、经营及效益。因此，做好厨房管理就显得尤为重要。

厨房的出品质量，是整个餐厅赖以生存的基础。可以这样说，菜品质量就是餐饮企业的生命线。因此，店长应做好菜品管理。

第 **7** 章　采购管理

餐饮业在保证服务质量的前提下，加强采购管理，有利于降低餐饮原料成本，是提高产品质量，获得丰厚利润的重要环节。

第 **8** 章　卫生管理

餐饮企业店长要特别重视餐厅服务的环境卫生，无论设备、条件多么有限，都要把好卫生关，为顾客提供安全的饮食，并创造良好的用餐环境。

第 **9** 章　安全管理

餐饮企业做好安全管理，保证客人的生命和财产安全，是向客人负责，同时也是向经营管理者自身负责。因此，餐饮企业店长应切实抓好安全管理工作。

第 **10** 章　营销管理

近年来，随着餐饮行业竞争的日趋激烈，餐饮市场营销的作用显得越来越重要。作为现代餐饮企业，其营销战略的核心是要紧跟时代的步伐，紧抓市场发展的命脉，以顾客的需求为中心，从而留住和赢得更多的顾客。

第 **11** 章 外卖管理 ———————————————— 167

　　随着互联网加速发展及支付方式的普及，在线餐饮外卖已经基本全面渗透到人们的日常生活中。外卖业务已为越来越多的餐厅经营带来许多额外的收益，作为餐饮企业店长，应该对网上外卖重视起来，不要看作"附加"业务随便经营。

　　成本控制直接关系到整个餐厅的营业收入和利润。餐厅在满足宾客餐饮需求的同时，还担负着为餐厅提供赢利的服务，如果成本失控，就会影响餐厅的经营成果，甚至造成不应有的亏损。因此，为保证餐厅的既得利益，必须加强成本控制管理。

餐饮店长怎样*带队伍*——店长管理的100个小细节

导读　成功店长的法宝——细节管理

餐饮的成功取决于细节的积累，这种积累是日常的工作程序、服务规程、服务标准的体现。关注细节已经成为餐饮业经营制胜的法宝。

一、细节管理的意义

管理是由细节组成的，细节是提高服务质量的基础。

1.细节到位取决于观念的改变

同样的问题站在不同的角度就会得出不同的结论，对细节的看法取决于管理者的思想意识和管理者的观察力、洞察力和分析问题的能力。因此，转变观念才能注意到细节，才能通过细节把握全局。

2.战略决策源于细节分析

无论战略上还是战术上的决策，都是通过对蛛丝马迹的分析后才做出的。管理的决策也同样是对市场的迹象、趋势的分析，对日常管理中的细节问题分析的结果。如果不善于对细节进行分析，就不可能有正确的决策。

3.餐饮管理无大事，做好小事才能成就大事

服务质量的高低取决于细节工作的程度，只有将服务的细节做到位，客人才能感觉到服务的存在，餐饮才能实现体验营销。在事无巨细的管理中，细微之处才能显示出管理的水平，只有将一般人不注意的小事做好，才能将自己的餐饮与其他餐饮区别开，因为所有的餐饮都大同小异。

二、细节管理的实质

细节管理是一种管理理念，体现了领导者对管理的完美追求。餐饮细节管理的实质主要表现在以下4个方面。

1.细节管理是一种创新

世界各国的餐饮在功能设置上是一致的，而他们之间的区别就是那些被常人忽视而被管理者做得很好的细微之处，这些细微之处是一种创新的思考和用心观察的结果，尤其是在管理中习以为常的事，谁能将它改变而做好，这就是一种创新。

2.细节管理是管理艺术的体现

管理不仅仅是一门科学，更是一门艺术，而对细节的管理则是管理艺术的体现。

3.细节构成餐饮管理的量化体系

在餐饮管理中，对细节的追求是无止境的，但对细节的追求是可以衡量的，衡量的尺度，就是制定出相应的标准和规范，这些标准和规范构成了餐饮管理的量化体系。

4.细节管理是微利时代的要求

市场竞争日益激烈，利润空间逐渐缩小，经济进入了微利时代。餐饮市场也不例外，每一个经营者都感受到利润下降的压力，这种下降并呈现出加速的趋势，所以，如何增加利润，如何保持现有的利润率则成为经营者所关心的问题，而细节管理正好可以解决这一问题。

三、细节管理的理念

零缺点服务是一种服务理念，细节管理是一种工作方针，只有坚持这种方针，才能落实这种理念。

1.市场竞争要求餐饮提供完美的服务

市场竞争不仅使利润趋于零，也使服务趋于完美。在这种环境下，被"宠坏"了的消费者非常挑剔，如果没有零缺点服务的理念，就不可能提供完美的服务，就会失去顾客和市场份额。

2.即时响应顾客的需求

顾客的需求是动态的，是发展的，这就使企业不断地处于被动的地位，要想将被动变主动，就要即时提供与顾客要求相一致的服务，缩小餐饮产品与顾客需求之间的间隙。

3.每一次服务的目的性和针对性

目的性是服务的宗旨，针对性是使顾客满意的关键。餐饮的服务是满足顾客的需求，在服务过程中实现餐饮的价值。因此，餐饮的价值要与顾客的价值相连接，形成价值联盟，要做到这一点，就要向每一位顾客提供有针对性的服务。

4.第一次就使服务达到标准

餐饮的服务是一种互动行为，只有当顾客来临时才能提供服务。这种服务是一种过程和体验，过程和体验都可以重复，但是第一印象和第一次体验，决定着顾客的满意程度。

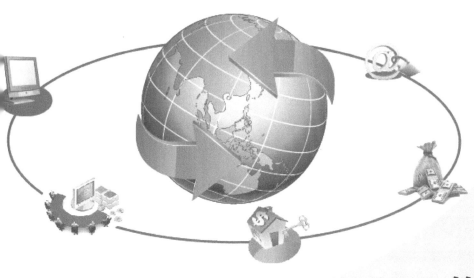

第1章 员工管理

 导言

　　餐饮业是一种人性化的服务业，服务品质的好坏直接影响到经营效果，而服务品质是由企业员工创造出来的，所以企业员工素质的高低也就变成了主宰企业命运的重要因素。

细节1：聘用人员，先行测试

店长在确定是否录用应聘人员前，应对应聘人员作一个全面的测试，以便所招聘的人员符合本企业的要求。在测试人员时，店长可根据餐饮企业的特点和招聘岗位的特点，具体采用以下的一种或几种进行测试。

一、笔试

笔试就是先拟订好试卷，由应聘者书面答卷，招聘人员根据答卷情况评定成绩的测试方法。这种方法可有效地测试应聘者的基本知识、专业知识、管理知识和技能，以及应聘者综合分析问题的能力、文字表达能力等。

二、面试

招聘人员与应聘者面对面地谈话，通过应聘者对所提出问题的回答及其言谈举止的表现，来了解应聘者的语言能力、知识广度和深度、志趣、仪表等，从而判断他是否符合录用标准。

在一般情况下，对应聘者面试结束后，要进行面试评估，以便对应聘者的优缺点以及是否符合聘用条件作出明确说明。

三、操作测试

对于专业性工作的人员，招聘测试可采用现场实操的方法，如收银员、服务员、厨师等。

比如，招聘厨师，可以让应聘者现场试菜；招聘服务员，可以让应聘者现场操作摆台。

四、心理测试

心理测试是根据抽样原理制作测试材料，经标准化程序，测量一个人的人格、能力、性格的差异。

1.人格测试

为了了解人格的个别差异所作的测试。人格测试比能力测试更重要，一个人能力优秀，若性格异常也做不好工作。人格测试的方法有自述法和投影法两种，如图1-1所示。

自述法

自述法就是应聘者面对许多涉及如何对待各种特定情况、环境等问题，选择适合于描述自己个性的予以回答，从测试得分，可获得对一个人人格的大致了解

投影法

投影法是只向应聘者提供一些未经组织的刺激情境，让应聘者在完全不受限制的情形下自由表现出反应，使其在不知不觉中显露人格的特质

图1-1　人格测试的方法

2.能力测试

能力测试的内容包括普通能力测试、特殊职业能力测试、心理运动机能测试三个方面的内容，如图1-2所示。

普通能力测试

主要是测试应聘者的思维能力、记忆力、想象力、推理能力、语言表达能力、分析能力等

特殊职业能力测试

测试应聘者从事某个职业所需的特殊潜能，包括操作测试、书面测试和文件处理测试等几个内容

心理运动机能测试

（1）心理运动能力，如反应速度、肢体运动速度、手指灵活性、多肢协调性等
（2）身体能力，包括身体平衡性、爆发力程度、灵活性等体能；对心理运动机能的测试一方面可通过体格检查来进行，另一方面可通过设计各种测试仪器或工具来测试

图1-2　能力测试

3.性格测试

对应聘者的兴趣、爱好的测试。其常用的方法有库德职业兴趣调查表和爱德华个人兴趣量表。具体见表1-1。

表1-1　性格测试方法

序号	方法	内容	说明	举例
1	库德职业兴趣调查表	库德职业兴趣调查表包括许多项目，这些项目由3个项目组成一组	通过这种测试，可以鉴别每个应聘者的不同兴趣，或喜欢户外作业，或喜欢计算工作，或喜欢服务工作，或喜欢文书工作等	比如，参观艺术画廊、参观博物馆、到图书馆翻阅新书为一组，应聘者必须从中选出一项自己最喜爱的或者最不喜欢的
2	爱德华个人兴趣量表	爱德华个人兴趣量表要求每个应聘者在两个同样好的语句中选择一个，这样可避免前面职业兴趣调查表的缺陷，即防止应聘者说假话	爱德华个人兴趣量表同职业的成功与否有很强的正相关关系，兴趣测试的基本理论是：一个人如果他的兴趣同他从事的职业的要求相一致，那么他对职业的满意度就会提高，从餐饮企业的角度来看，对人的使用就是合理的使用	比如，给定以下两个好的语句，应聘者必须选择其一：第一，我要做的事总是要做成功；第二，我喜欢结交新朋友 这两句话中的第一句表示一个人的成就动机高，第二句说明应聘者多少有点依附性

细节2：员工招聘，规避风险

招聘是选人、育人、用人、留人的基础，如果招聘的人不能适应工作与组织时，人力资源将变成"人力负债"。

招聘作为餐饮业人员管理的一个重要环节，是员工进入企业的"过滤器"，如果店长从招聘这一入口就把好关、过好滤，选进合适人才，就会对日后的员工离职起到防微杜渐的作用。那么，如何规避招聘中的风险呢？具体措施如下。

一、找最合适的不找最优秀的

店长在选人时一定要遵守"合适的才是最好的"原则，有些人才确实很优秀但并不适合企业，如果硬要招进来，最终还会因不能"适才适所"等各种原因离开。

二、要走出招聘误区

如唯文凭误区、唯直觉误区、唯资历误区、唯精英误区、唯全才误区、唯权威误区等。店长不能仅凭应聘者资历、背景深厚，就认为是好人才，更不能对人才求全责备，一定要完美无瑕、十全十美才行。

三、要允许招用有缺点的员工

要允许招用有缺点的员工，不一味地去追求完美。很多时候，一个人才某方面能力很突出，但另一方面某个缺点也很明显。须知，"人无完人，金无足赤"，如果能用人所长、避其所短，相信人才一定能一展才学，找到施展才干的舞台，做到人尽其才、才尽其用。

四、要根据实际需要选拔人才

店长应根据企业现阶段发展的实际需要来选拔人才。我们都知道，企业在创业、发展、成熟等不同的阶段，对人才的需求是不一样的。餐饮企业必须要有战略眼光，顺应形势，认清企业的发展需要。

细节3：入职培训，全面展开

新员工入职培训是店长的一项重要工作，缺乏培训可能会导致他们在工作中出现失误，工作效率低下等情况，这就降低了客人满意度，从而降低整个餐饮企业的收入。对新员工培训以及监督员工操作可以使本部门长期保持最高工作水准，并且可以与新员工建立良好的工作关系。

一、新员工培训要点

新员工培训要点如图1-3所示。

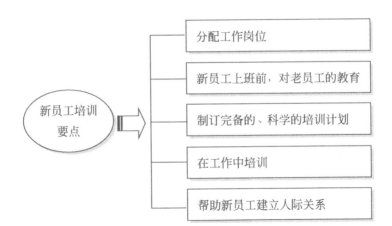

图1-3　新员工培训要点

1.分配工作岗位

店长在分配新员工工作岗位时，不一定要将其分配到人手不足的部门，重要的是，该工作岗位上一定要有优秀的指导员。可能的话，就算是工作性质不同，也应该让新员工到有优秀指导员的工作岗位上去接受一年或半年的培训。

2.新员工上班前，对老员工的教育

店长要教授新员工工作流程、规则及工作方法，首先要做的就是要求老员工按照标准程序来做。因此，在新员工上班的前一个月，就应该先施行老员工的教育，教育内容可由老员工自行讨论，将自己计划教授新员工的项目一一提出，但是在新员工上班之前自己必须先达到所拟订的教育内容。

3.制订完备的、科学的培训计划

工作计划越详细越好。当然，首先将工作上的知识、技术和各个工作岗位固有的传统精神等内容，详细地列出来。计划中比较困难的可能就是态度培训，态度培训中最重要的一项是设定具体而可以付诸行动的目标，而不是抽象的口号。

4.在工作中培训

培训新员工的重点应该放在工作中。

比如，要培训新员工的团队精神，可让两三名员工组成一组，并给他们时间限制，要求他们在规定时间内完成某件事。

如此培训不但可以使他们体会到团队精神的重要性，也可以让他们彼此之间建立起良好的人际关系。

5.帮助新员工建立人际关系

新员工一般会很担心自己是否能建立良好的人际关系，多数的人际关系是借

餐饮店长怎样带队伍——店长管理的100个小细节

着工作建立的，如图1-4所示的是比较实用、能有效帮助新员工建立人际关系的方法。

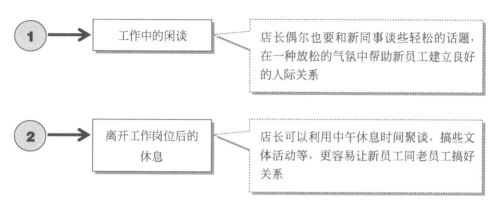

图1-4　帮助新员工建立人际关系的方法

二、制定培训方案

店长也可以制定合适的培训方案，帮助员工更快地投入到工作中去。

比如，某餐饮企业年后新招了一批员工，决定进行集中培训。计划每天开展2.5小时的新员工培训，五周时间将全部培训到位。新员工上岗前，先进行一对一的规章制度及礼貌礼节的专项培训。具体培训内容如下。

（1）餐饮服务礼仪、仪容仪表、手势与站姿、礼貌用语。

（2）各岗位服务人员的岗位职责。

（3）酒水知识、餐前准备工作、迎宾工作规范、餐中服务、开餐流程、如何处理客人投诉、点单服务流程。

（4）托盘服务规范、上菜程序、斟酒程序、传菜程序、巡台程序、结账程序、收台程序、餐中服务技巧。

（5）婚宴餐前准备工作、婚宴服务流程、婚宴细节服务。

（6）各岗位运营的工作衔接程序。

（7）仪容仪表实际操作、礼貌用语练习。

（8）点菜、上菜、分菜、托盘程序、斟酒的实际操作。

（9）服务技巧、巡台工作要点和实际操作。

（10）婚宴接待程序、模拟操作服务流程、练习开单。

（11）自我介绍。

（12）菜品的营养搭配、点菜技巧。

三、新员工培训成果评估

培训结束后，店长要对培训成果进行评估，具体见表1-2。

表1-2 新员工培训成果评估

序号	类别	评估标准
1	工作的流程评估	（1）了解工作流程 （2）了解内部上下关系 （3）了解横向的联系、合作关系 （4）了解与同事间和睦相处的重要性 （5）做工作必定有始有终
2	指示、命令的重要性	（1）了解上司的指示、命令 （2）将上司的指示、命令记录备忘 （3）指示、命令若有不明了之处，必定确认到懂为止，复诵指示、命令，加以确认 （4）遵守指示、命令
3	工作的步骤、准备	（1）了解工作步骤 （2）了解工作准备得当，进展就顺利 （3）了解工作步骤的组织方式 （4）了解工作的准备方式 （5）按照步骤、准备程序完成工作
4	报告、联络、协商	（1）了解报告、联络、协商是工作的重点 （2）报告时，先讲结论 （3）联络应适时、简要 （4）了解协商可以使工作顺利完成
5	经营理念	（1）了解本店的经营理念 （2）随口能背出经营理念 （3）会逐渐喜欢经营理念 （4）以经营理念为荣 （5）以经营理念为主题，写出感想
6	餐厅的组织、特征	（1）以简单的图解表示出本店的组织 （2）了解各部门的主要业务 （3）了解本店的产品 （4）能说出本店产品的特征

细节4：在岗培训，提升技能

餐饮店长要对在岗员工的培训工作予以高度重视。因为餐饮企业每个岗位都有很多专业知识，需要在岗员工不断深入学习。一般来说，在岗员工的培训工作包括如图1-5所示的4个方面。

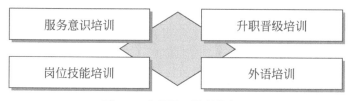

图1-5 在岗员工培训的内容

一、服务意识培训

餐饮业是服务行业，服务水平的高低直接决定了餐厅的形象和最终收益。但是许多员工，即使已经正式入职很长时间，却仍然没有充分认识到服务的重要性，导致在平时对客服务中出差错，引起客人不满，给餐厅造成损失。

因此，餐饮店长应对餐厅员工进行有针对性的服务培训，反复不断地向员工强调优质服务意识。

二、岗位技能培训

要想让员工以最佳效果完成工作，就必须进行岗位技能培训。尽管有些在职员工都已接受了这些培训，但在平时的工作当中往往又忽略了，如客人点了某道菜后，服务员不清楚厨房还有没有这道菜等，餐饮店长通过这些岗位技能培训可使在职员工的工作水平得到不断的提高。

餐饮店长对基层员工的培训应侧重其实际操作技能，比如楼面服务员上菜的培训，培训目的是使员工熟练掌握这些技能，以减少失误，提高效率。餐饮店长可根据具体的操作技能制订相应的培训计划，必要时餐饮店长可亲自担任培训讲师。培训结束后，餐饮店长应对员工进行考核，以便保证培训达到了预期的效果。

三、升职晋级培训

餐饮企业内的基层管理人员如各部门领班主管等，他们往往会有比较强烈的升职愿望，因此，餐饮店长应高度重视他们对升职晋级的强烈需求，制订相应的培训计划。

一般来说，对管理人员的培训包括如下内容。

（1）经营理念及企业形象的维护。

（2）餐厅、后厨设计及设备规划标准。

（3）用人制度规定。

（4）会计制度、现金运作、财务报表规定。

（5）采购进货、价格政策。

（6）存货盘点及物料管理制度。

（7）对紧急事件处理的原则规定。

（8）熟悉各项设备、炊具、餐具的使用操作、保养维修。

（9）了解各项商品进出的运作及记账方式。

（10）每日结账、账务管理办法。

（11）人员使用、培训辅导及士气激励。

（12）员工调薪、福利及纪律管理。

（13）报表的填写、分析。

（14）员工业绩考核方法。

（15）店内紧急事件处理的实务演练。

（16）对客人的礼仪。

（17）客人意见调查、收集及向上级汇报。

（18）对客人投诉的处理。

（19）市场信息的搜集。

（20）广告宣传促销。

四、外语培训

外语培训对涉外餐厅或接待外宾较多的餐厅较为有用，它主要分为两部分。

一是餐厅岗位外语部分，要求每位在职员工都必须达到某种水平，如初级、中级或高级，同时明确要求不同级别员工必须达到的外语水平，如领班主管必须要通过中级，基层员工必须通过初级，而部门经理必须通过高级等，否则不给予提升或加薪，将外语作为员工素质的一部分，纳入餐饮企业薪酬体系当中。当然这就要求外语培训资料是完善的和客观的，对不同级别的外语的培训资料、考核等必须是配套的。

另一部分就是一般性的外语培训，同样可分为初级和提高两类，主要为那些外语基础较差的员工而设置。

细节5：岗位优化，合理调配

随着市场经济的不断变化，餐饮业面临招人难、"用工荒"的局面，很多餐饮企业就从管理内部着手，精简人员，岗位合并，给企业"瘦身"，而岗位的优化不仅让企业节省了成本，更让员工的积极性和干劲大大提高，还有许多员工会主动要求增加岗位分工，提高人效，甚至有客人都给予好评。

比如说，以前客人问服务员这道菜的做法，怎么也要等上片刻，才会有人来回答，现在不一样了，随便找个服务员，都能告诉客人招牌菜的特点，客人方便了，员工积极性高了，企业还省钱了，人效大大提高。

那如何才能合理调配现有的人力资源呢？具体方法如图1-6所示。

图1-6 合理调配人力资源的方法

一、迎宾能变两角色

迎宾和销售、服务员之间有很多东西可以互补，迎宾主要是迎送客人，在客人用餐的这段时间，迎宾是没有事情可做的，但是这时是服务员最忙的时候，点菜、下单、催菜、结账等，这时迎宾就可以去帮助服务客人，或者跟客勤发放名片等，尽量让员工的积极性调动起来。

二、点菜员变服务员

有的餐厅会分点菜员和服务员，其实可以将点菜员这个岗位去掉，那么服务员就要培训成点菜员，他不仅要了解菜品知识，还能为客人服务，而且在点菜的过程中，能跟客人保持良好的沟通，这样的话，在服务过程中，就能很顺利的拉近与客人之间的关系，让员工在服务中能很好地把握客人的需求，还能提供超出客人预期的各种服务。

三、传菜员变机动组

在大部分的餐厅，总是有保洁员来打扫卫生，但是在用餐高峰期的时候，新一轮的客人入座，喊保洁阿姨来打扫，是比较浪费时间的，客人往往只能站在旁边，因为桌上摆放的脏餐具，实在无法入座，等上1到2分钟，保洁阿姨打扫完以后才能入座，人效就非常低。

比如，当传菜员端菜出去是可以带脏餐回来的，以前传菜员就是传菜员，如果把传菜员和机动组进行合并，那么传菜员出去的时候是端着菜出去的，而回来的时候是带着脏餐回来的，当新客人入座的时候，服务员只需简单的把桌子擦一下，摆放好餐位就可以了，这两个岗位合并以后，餐厅的翻台率将会大大提高。

四、后厨炒锅变切配

后厨是厨师的天下，尤其是大师傅，从客人点菜开始就是他们最忙碌的时候了，大师傅的厨艺是直接影响餐厅营业额的，但是在客人点菜之前，有大把的时间大师傅是没有事情做的，打扫卫生也是保洁人员在做。

切配、炒菜、打荷，这三个是一条线的，在11:30以前，切配菜品的工作量比较大，如果大师傅跟切配的师傅一起切配菜，在11:30以前把分量备足，他们三个岗位之间就可以省下一个位置出来，到了炒菜的时候，大师傅炒菜，切配就转化为打荷，而且大师傅也练习了基本功，这样岗位就可以精简，而且还快，工作效率高。

五、洗碗工合并择菜工

择菜是餐前准备，在这段时间洗碗工是没有事情做的，而开餐以后择菜工又空闲了，其实他们两个岗位可以互补，人员可以精简，提高人效，甚至很容易会出现一个择菜阿姨可以拿到高工资的情况。

六、岗位要与绩效挂钩

餐厅一定要培养复合型人才而不是单一型人才，当然绩效一定要和一岗多能挂钩。

比如说，员工掌握的技能越多，工资会更高，可以按照工作的时间给予绩效奖励，也可以根据客人的满意度、餐厅的销售业绩给予奖励，要让员工明白同样是工作八小时，但不能虚耗八小时，企业也希望员工都能够过得很快乐、很充实、效率高，能学到不同岗位上的东西，这样会对他未来的职业生涯有帮助，未来还能晋升为管理人员，只要他的功底非常扎实，就能成为餐饮企业的多面手。

细节6：员工排班，综合考虑

合理的安排班次，对有效地组织餐厅服务活动、提高工作效率、取得最佳经济效益都有十分重要的意义。餐饮店长安排班次要根据各餐别服务活动的特点、营业时间、服务人数和工作任务等因素综合考虑，做到合理安排，使每个服务人员能够充分地发挥作用。安排服务时间和班次，要以方便客人、满足客人需求为出发点。

第1章　员工管理

一、排班的原则

餐饮店长安排排班表时，必须权衡人员和营运的需要，满足个人的需要固然有助于提高士气和生产力，但是营运的需要也不能忽略。如图1-7所示的原则兼顾了人员和营运的需求，使餐厅的排班表可以在两者之间取得平衡。

原则一	排班表应以月为单位，每月安排一次，至少在每月月底（26、27日）时完成，月底以前公布
原则二	管理人员平均每周工作5日，每天工作9小时，每月尽量在周六或周日安排一次休息
原则三	服务员平均每周工作6日，每天工作8小时，保证每个月休息4天，休息可视实际需求轮流进行

图1-7　排班的原则

二、排班的方式

餐厅班次安排的方式有两种：一是"两班制"；二是"插班制"。餐饮店长可根据餐厅实际情况作出合理安排。

1.两班制

两班制即将所有餐厅服务人员对半分：一部分上早班，开早餐和午餐；另一部分上晚班，开晚餐和宵夜，隔周转换。这种方法简便、好记，但在非营业时间会出现人浮于事的现象，而在就餐的高峰时，人手又显得不足。

2.插班制

插班制是根据一天三餐中的高峰时间，将餐厅服务人员分成人数不同的多个小组，高峰时人员比较集中，非营业时间里只留少量几个服务员做准备和收尾工作，而让大部分服务员得到休息。这种排班的方法能够适应大多数餐厅服务活动的需求，充分利用现有的服务人员，保证经营活动的顺利进行。

表1-3是某餐饮企业采用插班制制定的排班表。

表1-3　××餐饮企业员工排班表

部门：　　　　　　　　　　　　　　　　　　　　　　　　　　日期：

序号	工号	姓名	职务	1	2	3	4	5	……	28	29	30	31	备注
1	2001	朱××	收银员	A	A	B	B	B		C	C	C	C	
2	2003	周××	楼面服务员	A	A	A	B	B		B	B	B	B	
3	2007	齐××	楼面服务员	B	B	B	B	B		B	B	B	C	
4	2008	王××	楼面主管	B	B	B	C	C		C	C	C	C	
5	2009	韩××	吧台服务员	B	A	A	C	C		C	C	C	C	
6	2016	曾××	吧台服务员	C	C	C	C	B		B	B	B	A	
7	2019	田××	吧台主管	C	C	C	C	B		B	B	B	A	
8	2005	潘××	吧台服务员	A	B	B	B	B		C	C	C	C	
9	2026	马××	吧台服务员	A	A	A	A	A		C	C	A	A	

说明：早班A，9:00～16:00；中班B，11:00～19:00；晚班C，14:30～22:00。

第2章 激励管理

 导言

企业要想留住人才，最关键的因素就是企业的绩效管理与薪酬设计。绩效管理的目的是激励员工，而非考核员工。在进行绩效考核的同时还需要配备以激励模式，从而真正达到绩效管理的目的。

细节7：工作体系，不断完善

一个完善的工作体系需要从以下3个方面去考虑。

一、实行工作轮换制度

进行工作轮换是工作设计的常见形式之一，进行工作轮换必须掌握以下基本内容。

1.工作轮换的内涵

工作轮换是指在不同的时间阶段，员工会在不同的岗位上工作。比如客户服务部客服专员和回访专员的工作，从事该项工作的员工可以在一定时期内进行一次工作轮换。

2.工作轮换的优点

（1）能使员工更容易对工作保持兴趣。

（2）为员工提供一个个人行为适应总体工作流程的前景。

（3）使员工增加了对自己最终成果的认识。

（4）使员工从原先只能做一项工作的专业人员转变为能做许多工作的多面手。

3.工作轮换的局限

工作轮换只能限于少部分的工作，大多数的工作是无法进行轮换的，因为很难找到双方正好都能适合对方职务资格要求的人员。轮换后由于需要熟悉工作，可能会使职务效率降低。

二、丰富工作内容

1.考虑时机

出现以下情况之一者，可以考虑丰富工作内容。

（1）员工的工作效率下降、工作情绪不高、缺乏工作热情、没有工作积极性和主动性。

（2）物质激励的收效不大，通过物质激励很难改变现状。

（3）增加员工责任心和工作自主权很可能会有效地提高工作业绩。

餐饮店长怎样 **带队伍** ——店长管理的100个小细节

2.基本原则

丰富工作内容应遵循如图2-1所示的基本原则。

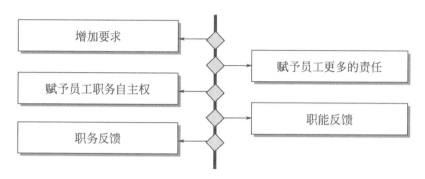

图2-1　丰富工作内容应遵循的原则

3.核心内容

（1）与客人联系。如果员工能够直接与客人接触，从客人那里直接了解到满意情况，可以使员工增添强烈的成就感，这是丰富工作的最有效的手段。

（2）自行安排工作计划。大多数员工都有能力安排自己的工作计划，上级只需确定最后期限或目标。这是提高员工主动性的一个有效方法。

（3）独立完成。尽可能让员工独立完成一件完整的任务。

（4）直接反馈。减少反馈的环节和层次。比如，餐饮服务的质量问题报告与其在管理者手中互相传递，不如直接交给当事人。如果这种反馈不夹杂批评，员工便能更好地进行自我批评。

三、进行工作扩大化安排

工作扩大化是指工作的范围扩大，旨在向员工提供更多的工作，即让员工完成更多的工作量。当员工对某项工作更加熟练时，提高工作量会让员工感到更加充实。

1.工作扩大化设计的原理

工作扩大化是使员工有更多的工作可做，通常这种新工作同员工原先所做的工作非常相似。

该方法是通过增加某一职务的工作范围，使员工的工作内容增加，要求员工掌握更多的知识和技能，从而提高了员工的工作兴趣。据研究表明，职务扩大增加了员工的工作满意度，提高了其工作质量。

2.工作扩大化的途径

把工作内容加以扩大的途径主要有两个："纵向工作装载"和"横向工作装载"。"装载"这个名称是指将某项任务和要求纳入工作职位的结构中。如图2-2所示。

纵向工作装载

指增加需要更多责任、权利和自主权的任务或职责，这意味着某些职能要从管理人员身上转到一线员工身上

横向工作装载

指增加属于同阶层责任的工作内容，以及增加目前包含在工作职位中的权利

图2-2　工作扩大化的途径

细节8：优化环境，有效沟通

良好的沟通是优化企业环境的重要内容。创造良好的沟通环境须做好以下两点。

一、克服沟通障碍

常见的沟通障碍主要有以下4种，见表2-1。

表2-1　常见的沟通障碍

序号	障碍	说明
1	个人障碍	源于员工在情绪、价值观、教育、性别、社会经济地位等因素的差异，这些因素常使员工之间产生心理距离，从而阻碍员工的有效沟通
2	物质障碍	常常产生于沟通的环境因素，如刺耳的噪声、身体距离、隔墙壁等，物质障碍常常通过改变环境，以便让发送者能够影响接收者的感受与行为来消除
3	语义障碍	源于双方对沟通所用符号，如词语、图像或动作的定义的不同理解，符号通常具有多种含义，一旦选错，误解即刻发生
4	口头沟通障碍	进行口头沟通的障碍有许多，其中包括没有认识到这些障碍的存在，人们习惯于认为沟通技巧就是自己与他人沟通的能力，其实确保他人能够与你沟通可能会更重要，大多数的口头沟通需要有聆听的存在，但人们总是不能积极主动地去聆听他人的讲话

二、形成沟通制度

1.沟通制度化

在企业内部制定一系列的沟通制度，使沟通渠道顺畅。

2.沟通定期化

在企业的日常管理中，应该定期进行沟通，了解员工的身心，如果遇到紧急或突发事件，应该及时进行沟通。

当工作中出现表2-2所列情况，店长应要求部门主管一定要与所属员工进行沟通，沟通的内容也基本围绕特定范围展开。

表2-2　需要立即进行沟通的情况

序号	情况	说明
1	阶段性绩效考核结束之前的绩效沟通	这是最重要的一种沟通形式，也是最必需的
2	员工工作职责、内容发生变化	在这种情况下，部门主管需要向员工解释具体哪些内容发生了变化，变化的原因是什么，这种变化对公司有什么好处，同时征求员工对这种变化的看法，最后要对变化后的工作职责、内容进行重新确认
3	员工工作中出现重大问题或某个具体工作目标未完成	在这种情况下，部门主管必须要与员工进行沟通，但要注意沟通时的语气，要本着帮助其找出原因或认识到错误本质的目标，不要一味地指责和批评，要注意了解出现问题的原因到底是什么，同时要向员工表明沟通的目标是解决问题和帮助其在工作上有所提高，而不是为了追究责任，希望其能坦诚分析原因
4	员工表现出明显变化，如表现异常优异或非常差	（1）对表现优异的员工，要对其表现突出的方面及时提出表扬，并可适当了解和分析其出现变化的原因，以加强和延续其良好势头 （2）对表现非常差的员工，要向其指明表现不佳的现象，询问其遇到什么问题，帮助其找出原因和制定改进措施，并在日常工作中不断给予指导和帮助
5	员工工资、福利或其他利益发生重大变化	要说明变化的原因，不管是增加还是减少，都要解释公司这么做的原因，尤其是减少时，更要阐述清楚公司对调整的慎重态度，并表明什么时间会再次做出调整，调整的依据是什么
6	员工提出合理化建议或看法	（1）如建议被采纳，应及时告诉员工并进行奖励，明确指出建议对公司发展的帮助，对员工提出的建议表示感谢 （2）如建议未采纳，也应告知员工未采纳的原因，表明公司和主管本人对其建议的重视，肯定其对公司工作的关心和支持，希望其继续提出合理化建议

第2章　激励管理

序号	情况	说明
7	员工之间出现矛盾或冲突时	要了解和分析出现矛盾的原因，进行调解，主要从双方的出发点、对方的优点、对工作的影响、矛盾的举足轻重等与双方分别进行沟通，涉及其他部门人员时，可以请其他部门主管帮助一起做工作
8	员工对自己有误会时	作为一名合格的主管，首先要检点自己，看自身工作有无不妥或错误，如有则列出改进方案或措施，向员工道歉并说明自己改进的决心和措施，希望其能谅解；如因员工理解有误，需主动向员工解释理解有误的地方，帮助其重新认识，切忌指责员工或采取不理不睬的态度，使误会不断加深
9	新员工到岗、员工离开公司时	（1）新员工到岗，直接主管要与其确定工作职责和工作内容，明确工作要求和个人对他的殷切希望，通过沟通，对个人情况进行了解，帮助其制订学习和培训计划，使其尽快融入团队中 （2）员工辞职时，也要进行充分沟通，对其为公司所作贡献表示感谢，了解其辞职的真实原因和对公司的看法，便于今后更好地改进工作；对辞退的员工也要充分肯定其对公司的贡献，解释辞退的理由，并表明自己本人的态度，提供个人的建议，询问其对公司的看法
10	公司经营状况、发展战略、组织结构等发生重大变化时	这种情况一般采取正式公布或会议发布的形式向员工作出说明，但一些不便于公开发布的，可采用私下沟通的形式通报
11	员工生病或家庭发生重大变故时	作为主管和同事，应关心员工的生活，了解和体谅其生活中的困难，并提供力所能及的帮助，培养相互之间的感情，而不是单纯的工作上的关系

一般来说，出现以上情况，各级主管应意识到，需要立即与员工进行沟通了。而在其他时刻，主管可以随时与员工进行沟通，内容和形式可以灵活掌握，只要注意采取适当的方式和方法即可。

表2-2列出的11项沟通时机出现时，主管需就相应的内容与员工进行沟通。除了为上述特定的内容而开展的沟通以外，部门主管还可以在以下7个方面与所属员工随时开展有效的沟通。具体见表2-3。

餐饮店长怎样带队伍

——店长管理的100个小细节

表2-3　随时开展有效的沟通的情况

内容	沟通方面	目的与方向
1	公司或部门阶段性工作重点和方向	在向员工通报公司或部门工作重点和方向时，可以请员工就此分析自己该如何配合工作、具体方案如何、实施过程中可能会遇到哪些困难、需要提供哪些帮助等
2	公司或部门的重大事件	如重要合同签订、经营业绩取得重大突破、部门工作获得表扬和广泛认可等
3	公司、部门或个人表现优异的具体方面	尤其是员工个人在工作中的闪光点，作为管理者一定要能发现并明确地给予表扬，哪怕是一个很细小的方面，只要我们善于发现，每位员工都会有很多的优点
4	所属员工或部门工作中需改进的方面及具体改进方案	有些工作可能做得也不错，但不是尽善尽美，可能其他人做得更好，作为主管，可以就此引导员工进一步努力做得更好，或和员工一起探讨改进的方向和改进方案的可行性
5	明确对下属工作上的期望，明确说明其工作对公司、部门工作的重要性	主管要经常和员工交流，表达自己对他工作的认可和欣赏，期望他怎么样工作；在日常工作中，注意发现员工工作和公司整体工作尤其是阶段性工作重点的切合点，说明其工作完成效果对公司整体工作完成的影响和重要程度，以加强员工对本职工作的重视和热爱，提升其使命感
6	对工作方法、思路上自己的建议和个人经验	员工在工作上还可能存在某些缺陷，作为主管，应该给员工多提些建议，可以在工作方法、思路上给予提醒，将自己遇到类似问题时的处理方法告诉员工作为参考
7	对公司其他部门在工作过程中存在的问题和改进的建议	要求主管要掌握一个原则，只针对具体事实进行沟通，可以就自己知道的内容向员工作出解释，以消除误会和隔阂，但不要进行盲目归纳和总结，更不能脱离事实妄加评论，通过沟通可以了解公司内部协作状况，为提升协作效率奠定基础，又可以避免流言蜚语、小道消息的传播

第2章　激励管理

细节9：营造氛围，留住人才

学习环境对个人的自我发展极为重要。如果企业的学习氛围和学习环境很差，将很难吸引人才的目光。因此，要使其长久地服务于企业，就必须不断地营造企业的学习氛围。

一、培育员工的自我超越意识

1.建立适当的个人愿景

个人愿景是指个人真正关心、希望做到的事情。与抽象的目标相比，愿景是更为具体，能够通过一些努力就可以达到的。有了清晰的愿景，员工才能有努力的方向。

2.保持创造性张力

培养员工保持创造性张力是员工自我超越的一个核心内容，可以让员工认清失败不过是愿景与现实之间的差距，这种差距正是可以自我超越的空间。

3.有效运用潜意识

潜意识往往比有意识的理性思考更加准确，创造力也更强。能够自我超越的员工，对这种潜意识的把握能力会更强，而培养这种潜意识，需要有意识地去专注于某些特别重要的事情，通过不断地加深印象，强化自己潜意识的反应能力。

二、组织学习型团队

学习型团队的构建是建设学习型企业的基本过程和基本方式，团队也是学习型企业的基本构建单位。团队经过成员之间不断的磨合、交流、接受、改变之后，能够形成一套大家都可以认同、有约束力的规范，不管这种规范是成文的还是潜藏于每个成员心中的，都能规范和约束成员的各种行为，成员也开始产生对企业的认同感，并开始形成群体特有的文化。此时的团队如果再进一步发展，成员们开始注重相互之间的讨论和学习，互相协助，以完成共同的目标和任务，这种学习和协助能够大大提高团队工作的绩效。

细节10：分配机制，公平合理

企业的分配制度是对员工实行激励的主要手段之一。几乎所有的人都希望自己的付出、自己的劳动能够得到公平、合理的回报，也只有在预期能够得到合理回报的基础上，员工才会积极、努力地工作，充分发挥自己的才能和潜力。

一、分配基本工资

在分配方面，员工最重要的要求就是公平、合理。公平、合理一方面指的是与企业内的其他员工或其他企业的同类员工相比较，每个员工的报酬与付出之比都不低于其他员工；另一方面则是指员工所获得的报酬与他的贡献相比较，要保持一定的比例。

将薪酬及各种津贴与工作特点挂钩，建立一个工作评估体制，对企业内部的各类工作从技术程度、所需资格、责任大小、工作环境等方面进行比较和分级，在更广泛的社会环境下对这些工作特点进行评估，然后根据评估的结果对每一级的人员或工作规定相对固定的报酬水平，不受员工工作表现的影响，通常情况下还会随着工龄的增加而增长。这种报酬制度在对工作进行评估时依据的都是一些客观、科学并被普遍认同的标准，如果岗位需要承担重要责任、工作环境差，则承担工作者要付出更多的劳动，应该得到更高的报酬。

二、建立工作表现的奖励

这种奖励一般是指根据员工的工作表现，对业绩突出的员工给予加薪、奖金等形式奖励的制度，其中最常用的是奖金。

1.制定奖励标准

奖金的一般形式是年终奖，根据员工一年来的工作表现和所取得业绩，向员工发放表示鼓励其工作的年终奖励。应用这种制度最主要的是要考虑工作的评估方法，各种工作的内容不同，完成的难易程度有差异，取得突破性成绩的可能性也不一样，因此要针对不同工作的特点分别制定奖励的标准。

2.制定奖励制度

有些工作的完成需要集体的努力，这种情况下很难单独确定个人的贡献，这时就要制定针对整个工作小组的奖励制度。

加薪常作为奖励的方式，不仅是对有突出贡献者加薪的速度会很快，正常的加薪也常会以员工的日常表现作为一种重要依据。

3.完善利润分红制度

利润分红与一般的奖金不同，一般的奖金来源于企业的成本，利润分红则来自企业的经营成果——利润。利润分红如果形成一种制度，则有利于改善企业和员工的关系。员工的收入多少取决于企业经营状况，因而会更加关心企业的业绩，有利于提高企业劳动生产率。分红的方法大体有以下4种，如图2-3所示。

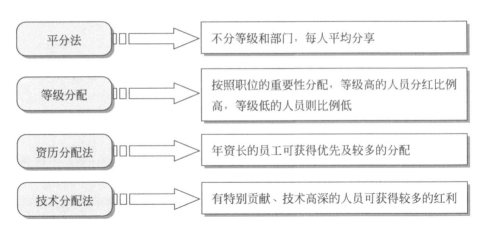

图2-3 分红的方法

利润分红也有一些明显的缺陷，如大多数餐饮企业在分红时不会考虑员工的实际贡献，往往不能根据贡献拉开档次，主要是由于认为业绩的提高有赖于全体员工的共同努力。但对于那些贡献大的员工来说，这样做显然是不公平的，而不公平就很容易造成员工的不满，从而失去激励的作用，进而使员工产生跳槽的念头。

有时餐饮企业利润的增长可能是因为一些偶然因素，如某一个竞争对手在竞争中失利，这时的奖励就更谈不上什么激励作用了。

4.实行股权激励

员工持有了企业的股票，就等于拥有了企业的部分产权，这样企业的兴衰便与员工的切身利益紧密联系在一起，能够激励员工更加关心企业的成长，更加努力地为企业工作。

细节11：休假权益，得到保障

休假制度是指为保障职工享有休息权而实行的定期休假的制度。我国现行休假制度包括的内容有公休假日、法定节日、探亲假、年休假以及由于职业特点或其他特殊需要而规定的休假。按现行制度，各种休假日均带有工资。

一、安排带薪休假

在员工非工作的时间里，按工作时间发放薪酬的福利，称作带薪休假。其主要内容如下。

（1）带薪度假，或在员工放弃度假时付给额外的工资。

（2）节假日按工作日发放工资。

（3）病假。

（4）工间休息，如吃饭、更换衣服的时间，计入工作时间。

（5）产假，即员工在生小孩以后可以有一定的休息时间。

企业安排员工带薪休假，允许员工生病时带薪休病假，可以帮助员工恢复和保持良好的精神和体力状态，在正常的工作时间里更加精力充沛地做好工作。这种提供休息时间给员工精神和体力上带来的好处，不是工资的方式所能取代的。

小提示：

在工作时间内的休息时间也提供这种非工作时间工资，这一范畴内的一般福利包括休息时间、喝咖啡时间、午餐时间、清扫时间及旅行时间等。

二、按国家规定安排休假

按国家规定安排休假通常有以下4种情况，具体见表2-4。

表2-4　国家规定安排休假的情况

序号	假别	国家规定
1	公休时间	"企业应当保证劳动者每周至少休息一日""国家机关、事业单位实行统一的工作时间，星期六和星期日为周休息日，企业和不能实行前款规定的统一工作时间的事业单位，可以根据实际情况灵活安排周休息日"
2	法定节日休假	"企业在下列节日期间应当依法安排劳动者休假：元旦、春节、国际劳动节、国庆节，法律、法规规定的其他休假节日"
3	年休假	"国家实行带薪年休假制度，劳动者连续工作一年以上的，享受带薪年休假"
4	婚丧假	劳动者享受婚丧假的有关事项如下规定 （1）婚假，一般婚假3天，晚婚假13天 （2）员工的直系家属死亡时，可以根据具体情况，由本企业行政领导批准，酌情给予1～3天的丧假 （3）员工结婚时双方不在一地工作的，员工在外地的直系家属死亡时需要员工本人去外地料理丧事的，都可根据路程远近，另给予路程假 （4）在批准的丧假和路程假期间，员工的工资照发

三、尊重员工休假权

员工有劳动的权利，同时也享有休息、休假的权利。休息休假权是指员工在法定的工作时间劳动之后，享有不劳动而自行支配的时间，用于休息或从事其他活动的权利。休息休假权也是员工合法权益的有机组成部分，有劳动权就必须有休息休假权，这是员工实现劳动权的必要保证。

细节 12：晋升制度，切实可行

员工晋升制度是为了提升员工个人素质和能力，充分调动全体员工的主动性和积极性，并在公司内部营造公平、公正、公开的竞争机制，规范公司员工的晋升、晋级流程，而特制定的制度。

一、掌握晋升原则

店长在制定员工晋升制度时，应掌握如图2-4所示的原则。

图2-4　晋升原则

1.德才兼备

德和才二者不可偏废。不能打着"用能人"的旗号，重用和晋升一些才高德寡的员工，不能是自己的亲属就重用，不是自己的亲属就排挤，这样做势必会在员工中造成不良影响，从而打击员工的积极性。

2.机会均等

要使每个员工都有晋升之路，即对管理人员要实行公开招聘、公平竞争、唯才是举、不唯学历、不唯资历，只有这样才能真正激发员工的上进心。

3."阶梯晋升"和"破格提拔"相结合

"阶梯晋升"是对于大多数员工而言的。这种晋升的方法,可避免盲目性,准确度高,便于激励多数员工,但对非常之才、特殊之才则应破格提拔,才不致使杰出人才流失。

二、熟悉晋升模式

餐饮企业的晋升模式一般有如图2-5所示的3种模式。

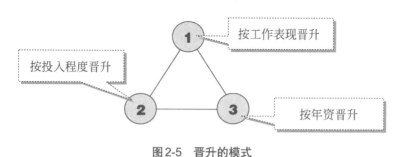

图2-5　晋升的模式

1.按工作表现晋升

在工作表现可以用若干标准衡量的企业中,人力资源经理可以依据员工的工作表现是否符合既定标准来决定是否升迁。在这种情况下,工作表现则是员工的工作业绩能够达到预期的标准之一。

2.按投入程度晋升

当一名员工能约法守时、服饰讲究、遵守公司的一切规章和制度,能配合上级将工作进行得井井有条、非常出色,那么必定会受到上级的赏识。

3.按年资晋升

这在表面上是只看资历,实际上是资历与能力相结合。在获得可晋升的资历后,究竟能否晋升,完全依据对其工作的考核。这种制度承认员工经验的价值,给予大家平等竞争的机会。

三、制订晋升计划

店长在制订员工晋升计划时,应包括以下内容。

1.挑选晋升对象

在挑选了极具潜能的特殊人才后,就注重对这些人才的工作职责和发展轨迹进行调整，提前为其做好应晋升的准备工作。

2.制定个人发展规划

一旦人选确定后，要为其制定一个个人发展规划。必须清楚地了解哪一种规划能够与这些特殊人才的愿望相符合；哪些措施对其最为有效；这些特殊人才的不足之处在哪里；还有哪些潜力可以挖掘。

3.具体规划工作细则以及可能遇到的挑战因素

规划必须是长期的、有针对性的，这样员工才能为未来的工作提前做好准备。这些规划越具体，员工心中就越有底，对下一步工作就越能准备得更充分。

4.制订辅助计划

公司需制订一个辅助计划，帮助员工尽快进入角色，圆满完成晋升过程。

细节13：充分授权，凝聚人心

店长要通过别人来进行工作，因为一个人的时间、知识和精力都是有限的。即使店长自己可以更好、更快地完成工作，但问题在于你不可能亲自去做每一件事情，如果你想使工作更富有成效，就必须向下属授权。

一、充分授权的意义

授权是一个赋予员工责任、权力的过程。

（1）授权增强了员工执行任务的信心，并使员工相信自己对组织做出了有影响的贡献。

（2）授权转变了员工的观念，使他们从觉得没有权力转变为对个人能力产生了强烈的自信，这就使他们工作更主动，在面对困难时能坚持不懈地去完成他们的目标。

（3）授权让员工感到工作有意义，也就是说，工作与他们的价值观和工作态度相吻合。

（4）授权让员工有独立自主进行决策的权力，并且可以对工作行为、工作方法和工作步骤进行一些选择。

（5）授权让员工有一定的参与性，他们对制定重要战略、经营管理、经营决策有了参与性，能够主动地、有创造性地工作。

二、创造合理授权的环境

为鼓励授权，必须创造一个环境，使处于其中的每个人都会觉得他对自己职责范围以内的绩效标准和经营效果有真正的影响。由于只需很少的人来指导、监督和协调，授权环境降低了成本，又由于从根本上激励了员工而产生了高绩效，也提高了产品质量和服务水平；另外由于员工能够做到现场发现问题，找到解决方案并抓住改进的机会，授权环境还会带来快速的行动。

三、授权措施

店长可以采取如图2-6所示的措施进行授权。

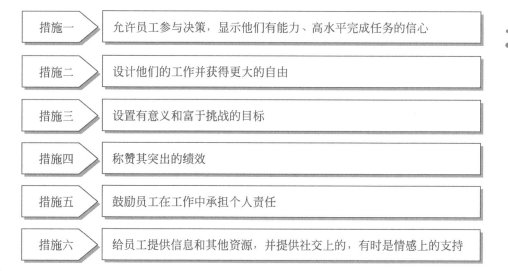

措施一	允许员工参与决策，显示他们有能力、高水平完成任务的信心
措施二	设计他们的工作并获得更大的自由
措施三	设置有意义和富于挑战的目标
措施四	称赞其突出的绩效
措施五	鼓励员工在工作中承担个人责任
措施六	给员工提供信息和其他资源，并提供社交上的，有时是情感上的支持

图2-6　授权的措施

四、充分授权的形式

1.参与管理

参与管理即员工在很大程度上分享其直接监管者的决策权。员工参与的问题必须与其利益有关，员工必须有参与的能力（智力、技术知识、沟通技巧），而且公司必须支持员工参与。

如果员工参与了决策过程，在实施决策时他们不可能反对这项决策。实行员工参与式管理，会使员工的工作更有趣和更有意义。在国内外实践中，参与管理最常见的形式是合理化建议，员工根据自身对工作的理解，提出公司在运行过程中可以进一步改进的地方，公司评估和采纳员工的合理化建议，并根据该建议实施的效果给予提议者适当的奖励。

2. 代表参与

代表参与即员工不是直接参与决策，而是有一部分员工作为代表参与。

代表参与最常用的两种形式是工作委员会和董事会代表。工作委员会把员工和管理层联系起来，他们是被任命或被选举出来的员工，当管理部门作出决策时必须与之协商。

细节14：适时赞美，激发热情

当因为员工表现优秀，想通过赞美激励员工时，可以使用赞美激励。每个人都渴望得到别人的夸奖和称赞，都期盼在别人的赞美声中实现自身的价值。人类天生就有一种被人赞美的意愿，这是人类与生俱来的本能。

 小提示：

作为店长，不要吝啬自己的赞美之辞和肯定的掌声，充分、及时、真诚地赞美您的员工，他们会给您带来更多的惊喜。

一、及时给予员工真诚的肯定与赞美

赞美员工要及时，当员工在工作中表现优秀，取得了良好的工作成绩时，店长别忘了及时地给予肯定与赞美。赞美员工要真诚，对员工的赞美必须是真实的、诚恳的，如果不真诚，一下子就会被看穿，反而会带来负面影响。

对员工的具体行为，什么地方做得好、为什么好，要做出清楚的描述和赞美，这一点很重要。下面两个赞美中，你喜欢哪一个？

——"你干得不错，继续努力！"

——"我喜欢你和客人打招呼的方式，能很亲切地说出欢迎光临，给客人印象很好。"

第一个聊胜于无，员工虽然知道受到了赏识，但不知道你赏识什么；第二个赞美词就很好，才真正起到了作用。

赞美时店长的态度也很重要，必须把你说话的诚意表达出来，这个很难，但时间长了就容易做了。当你说"你在……方面做得很好"时，目光要注视对方，并且要面带笑容。

二、以独特的方式向员工表达赞赏

如果员工是值得赞赏的，店长就要表现出来，以独特的方式来赞扬和感谢他们，这样会得到意想不到的激励效果。

小张是某餐饮企业的餐厅服务员，一天晚上当她回家时已是晚上的九点多了。走进家门，发现年老的父母准备好了丰盛的晚餐，而且显得特别高兴。小张记不起是什么节日，正感到纳闷时，父亲兴奋地揭开了谜底："恭喜你，女儿！"母亲把一封升迁贺信送到小张面前，信是这样写的："尊敬的家属：我们很高兴地通知你们，你们的女儿因为在店内表现突出而被提升为餐厅领班，在此我谨代表公司全体员工向你们全家表示祝贺！谢谢你们长期以来对我们工作的支持和理解！"下面是店长的签名。还有什么比这更能让父母高兴、有荣誉感呢？从此以后，小张的工作更加出色了。

三、通过第三者赞美员工

有的时候，当上司直接赞美下属时，对方极可能以为那是一种口是心非的应酬话、恭维话，目的只在于安慰其下属罢了，然而若是通过第三者表达其赞美的意思，效果便会截然不同了。此时，当事者必认为那是认真的赞美，毫无虚伪之词，于是往往真诚地接受，并为之感激不已。

四、毫不吝啬对员工家属的赞美

员工所取得的成绩，可以说其中也有其家属的一份功劳。尽管员工家属不直接参与公司的具体事务，但他们的态度和行为会影响员工在工作中的表现，而且他们对公司店长的印象也会影响到店长和员工之间的关系，所以，要密切与员工家属的关系，不要吝啬对他们的赞美。

五、避开赞美的禁忌

当然，店长在赞美员工时，需要避开一些禁忌，以此达到更好的激励效果。

常见的赞美禁忌见表2-5。

表2-5　赞美的禁忌

序号	类别	详细说明
1	切忌与员工争功	（1）员工所取得的成绩离不开店长的指导，也是店长决策科学与正确的最好印证，但是这一点只能由员工自己慢慢体会，不可透露于赞美的言辞之中 （2）店长应该保持谦逊的作风，没有必要和下属在功劳的归属上争个高低，需要明白的是，把成绩归功于下属，能增强他们的责任感，激励他们为了更好地工作，而承担更重大的责任
2	切忌褒一贬多	（1）肯定和赞美取得成绩的员工，必定会带来一些未受到表扬员工的心理不平衡，这也是客观存在的，只要不是人为的因素造成的，都属于正常范围之内 （2）如果对某个员工的长处大加赞赏的同时，而贬损其他不具备这些品质的员工，将会严重地损害他们的自尊心 （3）这种做法不但收不到预期的激励效果，而且会造成领导与员工、员工与员工之间的疏离
3	切忌任意拔高	在赞美员工时，要实事求是，不能过高地估计他们的成绩，人为地给予成绩，乃至于流于庸俗的捧场，这样做会使受表扬的员工产生盲目的自我膨胀心理，同时会造成其他员工的逆反心理，久而久之，容易滋长不务实、图虚名的不健康风气

第3章 前厅管理

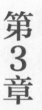 导言

前厅服务是餐饮服务中的重点。前厅是直接与顾客接触的场所，服务的好坏直接关系到顾客的满意程度。如果前厅服务不能得到顾客的赞同，那么整个服务过程都会前功尽弃。

细节 15：接受预订，别忘确认

餐位预订是指客人就餐前，对餐厅座位的预先定约，包括保留餐位的数量及时间。预订是对订餐客人的一种承诺，餐厅必须在约定时间为客人保留餐位。

餐位预订的内容包括用餐日期及时间；用餐人数及标准；用餐餐位要求；订餐客人的姓名、单位及联系电话；其他特殊要求。

无论是电话预订还是当面预订，一定不要忘记对预订进行确认，以免出现信息记录错误。

比如："李小姐，您明晚所预订的一桌，共6个人，定在××房，对吧？"确认顾客的电话、姓名，告知顾客预订餐位的最后保留期限。

 情景再现 ▶▶▶

小李是某餐饮企业预订员，星期六她接到某旅行社的电话预订，要求安排100位顾客的晚餐，每人餐费标准45元、酒水10元，其中有8人吃素，时间定在星期天中午12时，付账方式是由导游员签账单。小李将预订人姓名、联系电话、顾客人数、旅游团代号、导游员姓名、顾客的特殊要求等一一记录在预订簿上。

星期天中午12时该旅游团没有到达。此前小李曾与旅行社联系进行过确认，但都没有更改预订的迹象，因此，小李对其他预订均已谢绝。12时30分，该团仍无踪影。由于是周末，该店上座率非常高，望着那一桌桌菜凉的餐桌，大家都着急了。经理急忙作出决定，一方面让小李继续与旅行社联系，一方面允许已经上门没有预订的散客使用部分该团预订的餐桌，同时他与其他餐饮企业联系，准备万一旅游团来了使用其他撤台的餐桌。

经联系，旅行社值班人员讲，预订没有改变，可能是由于交通堵塞问题造成团队不能准时到达。1时30分，旅游团才风风火火地来到。导游员告诉餐饮企业，有20人因其他事由不能来用餐，还有80人用餐，其中有6人吃素。经理急忙让服务员安排，并回复导游员，按规定要扣除这20人的预订超时和餐食备餐成本费用，比例是餐费的50%。

由于团队到达时间晚，有些预订餐桌没有动，餐厅内散客的撤台率较快，加上旅游团少来了20人，所以80个顾客到达后马上得到安排。

细节16：顾客来临，热情迎宾

迎宾服务是餐厅为顾客提供服务的开端，礼貌得体、优雅大方的迎宾服务，在吸引了顾客的同时，也为餐厅树立了良好的形象。

一、迎宾要领

基本的迎宾要领包含如下5点。

（1）设置专门的迎客服务人员，迎接客人到来。

（2）横排对称站立在餐饮企业门口两侧。如图3-1所示。

图3-1　某餐厅迎宾服务

（3）一出现客人，应面带微笑主动迎上来客，正视客人的眼睛，微微点头表示敬意，热情地与其打招呼。

（4）打过招呼后，客人如有随身物品或大衣，应协助交付保管，如无此保管设施，则帮助客人将衣物在座位处放置妥当。

（5）询问客人是否预订餐桌，如已预订则根据订席簿上安排好的座位，亲自或交由领台员引导客人入席，并询问客人对所安排的餐桌是否满意。如果客人没有预订餐桌，则需询问客人就餐的人数，并为他们安排适合的餐桌。

二、迎宾注意事项

餐饮服务人员在迎宾时应注意如图3-2所示的事项。

事项一	如果迎宾员兼做领台的工作，应该安排补位人员，以免领台途中出现无人接待客人的情况
事项二	同一桌的客人不一定会同时到达，因此，即使来客只有一人，也应询问用餐人数——"请问有几位"
事项三	对于没有预订餐桌的客人，若能请教其姓名并记录在订席簿上，不但方便服务人员称呼客人，也可使同一桌的客人能更方便地找到其同伴
事项四	如果已无空席或无适当的餐桌可以接待，应询问客人是否愿意等待，客人如果表示愿意，则带领客人到等候区稍候

图3-2　迎宾注意事项

细节17：引客入座，问位开茶

问位开茶服务是客人就座后享受到的第一项服务，服务质量的优劣直接影响客人对整个就餐过程的评价，其重要性不容忽视。

一、服务人员与领位员交接

（1）了解客人数、用餐要求，撤去多余的餐具或按要求添加餐具。

（2）热情问候客人，面带微笑，招呼客人。

二、开茶

（1）服务人员主动为客人拉椅就座，送上小毛巾后开茶。

（2）由于不同的人饮茶习惯不同，服务人员应向客人征询意见，也可根据客人的喜好介绍适宜的品种，然后按需开茶。

（3）为避免客人较多时茶水供应不足，餐饮企业应提前准备好充足的茶水。

三、铺餐巾和除筷套

（1）铺餐巾。当客人入座后，服务人员按照"先宾后主、女士优先"的顺序，站在客人右侧，用双手打开餐巾，然后将餐巾铺在客人双腿上。

（2）除筷套。铺完餐巾后，用右手拿起带套的筷子交左手，再用右手打开筷套封口，捏住筷子的后端并取出，摆在桌面上原来的位置。每次脱下的筷套握在左手中，最后一起撤走。

（3）上茶水。斟茶时，按"先宾后主、女士优先"的原则，在客人的右侧斟倒第一杯"礼貌茶"。右手执壶，左手自然下垂或托托盘，注意壶口不可触碰水杯口。杯中茶水一般以倒八分为宜，不宜太满。

四、上餐前小菜

1.准备

餐前小菜是供客人等候菜肴时食用的，有开胃的作用。就餐前小菜的准备，通常根据餐饮企业的规定安排。

2.上小菜

（1）当客人入座后，服务人员就可以上小菜，要从客人的右侧将小菜碟摆在桌面上。

（2）小菜按不同款式错开摆放。

（3）礼貌地请客人享用。

第3章 前厅管理

细节18：根据人数，安排座位

一、不同餐桌使用人数

由于用餐顾客的人数不同，所以，应根据顾客的人数选择大小适宜的餐桌。以圆桌为例适用人数如下。

（1）150cm的餐台适宜4～6位顾客使用。

（2）160cm的餐台适宜6～8位顾客使用。

（3）170cm的餐台适宜8～10位顾客使用。

（4）180cm的餐台适宜10～12位顾客使用。

（5）200cm的餐台适宜12～14位顾客使用。

（6）220cm的餐台适宜14～16位顾客使用。

（7）240cm的餐台适宜16～18位顾客使用。

二、满座领位

（1）在餐饮企业的营业高峰期，所有的餐桌都已坐满，服务员应耐心向顾客解释，给顾客安排合适的地方等候。比如，在餐饮企业的一角设置茶吧、酒吧，这样不但可以分散顾客等候的注意力，而且还能给酒吧、茶吧带来更多的收入。

（2）服务员应为带孩子的顾客准备一些小零食、玩具等，孩子的哭闹往往会使等待的顾客更加心烦，用零食和玩具吸引孩子的注意力，孩子玩得高兴，大人更放心。

（3）在没有座位时，应如实告诉顾客需要多长时间才能有座位，由顾客决定是否继续等待。如果顾客时间有限，则应建议顾客去就近的餐饮企业用餐，这样可以增加顾客的满意度。

（4）满员时，有时有的桌子还有空座，这时服务员可以征求顾客的意见，如果顾客不介意与其他人合用一桌，服务员可以做并桌处理。要注意，事先要征求已用餐顾客的意见，经同意后方可实行并桌。

 相关链接

如何将顾客带到合适的位置

迎宾将顾客交付给领位员，领位员带位时一定要遵从以下要领。

（1）领位员首先要注意顾客的人数以及到来的先后次序，如果先来的顾客等在一旁，看到后来的顾客受到招待，将使他们非常气恼。

（2）领位员要根据顾客的具体情况、具体要求为顾客安排适合的座位。在顾客就座时，为女士拉椅子；在所有餐桌都坐满或均已定出时，领位员要向顾客解释清楚，让顾客耐心等待。

（3）如果顾客有约，一般会提出要"老座位""安静的座位"等要求，那就按顾客的要求安排座位，但是更多的顾客是无约而来的，这就需要服务员推断出顾客所喜欢的座位。

（4）带领顾客到一个座位时，除非顾客另作选择，千万不可改变主意，更不能犹豫不定、变换座位。在餐饮企业中往返找寻座位，使顾客无所适从，是最尴尬而不恭的事。

（5）领位员应走在顾客前面，步伐节奏不快也不慢，保持适当距离，约在顾客前两步左右。

（6）带位先带至餐饮企业的前段明显之处，其次以哪儿人少往哪儿安排。

（7）领位员同时要顾及顾客心理感受，以决定其座位的安排，如常客往往对曾坐过的位子有偏爱。

（8）双人座，宜安排单身的顾客（通常喜近窗得以远眺），或一对异性或同性至幽静处入座。

（9）中央位置，安排三人以上而装扮入时的人士入座，顾客的体面是餐饮企业的光彩。

（10）内角不碍通道的座位，宜安排携带能走动孩童的顾客入座，以免孩童活动奔走妨碍服务工作并打扰别的顾客。

（11）出入口隐蔽处，适于较年长及行动不便顾客入座，以便利其行动；身体残缺者，以方便而又隐蔽为宜。

（12）带位切忌为不相识顾客并桌，尤其是单身女客，千万不要随便带其与陌生顾客并桌。

（13）如顾客对所带至的座位不满意，或要求调换时，不可借故拒绝，应尽快安排顾客至满意的空位就座。

细节19：呈递菜单，协助点菜

在餐厅经营中，餐品的品质决定了顾客是否会进店消费，但是想要提高客单价和翻台率，餐厅的服务就至关重要。要知道餐厅的座位是有限的，容客量也是有限的，如何在有限的资源下提高营业额呢？秘密就在服务员身上，就在服务员的点餐技巧上。

一、呈递菜单

（1）客人就座后，首先了解来宾中谁是主人及用餐性质，然后询问客人是否开始点菜。

（2）递菜单时，动作一定要规范，音量适中，语气亲切。先将菜单第一页打开，然后按照"先宾后主、女士优先"的顺序，双手从客人右侧将菜单送至客人手中。

（3）上身稍稍前倾，以示对客人的尊重。

> **小提示：**
>
> 递给客人的菜单要确保干净、清楚、整齐。

二、介绍特色菜

（1）点菜之前，首先记下订单日期、本人姓名及桌（台）号、人数，若是加单应标上加单符号。

（2）在为客人点菜前，应留有一定的时间让客人翻看菜单。比如，可先离开1～2分钟，或站在客人的前侧面距离1～2米的地方，不要让客人有被催促的感觉。

（3）根据客人的心理需求，向客人介绍本餐饮企业的时菜、特色菜、名菜、畅销菜和精品菜，当好客人的参谋。如图3-3所示。

图3-3　餐厅服务员在向客人介绍特色菜

（4）向客人提供建议时注意不宜提供太多的项目，以防让客人无所适从，浪费服务人员的工作时间；对于需要等候一定时间的菜肴应事先向客人说明，以免引起误会。必要时，服务人员可以向客人推荐餐饮企业的"每日特惠菜"。

三、接受点菜

（1）服务人员首先应熟悉菜谱上各类菜式的名称及价格，并了解其烹调方法及特色，以便介绍与解说。

（2）了解清楚当天的特价菜名称、价格，以及厨房缺乏哪些原料或不能做哪类菜式。

（3）点菜时站在客人旁边半步远的地方，身体微微向前倾斜，眼睛注视客人，听清客人所点菜名，适时帮助客人选择菜品。

（4）特殊菜品应介绍其特殊之处，如所需火候、配料及调料等，并确认客人能否接受。

（5）接受酒水点单，记清客人所点酒水。

（6）若客人有特殊要求，应在订单上清楚注明，并告知传菜服务人员，以引起重视。

（7）若客人点了烹制时间较长的菜品，服务人员要主动向客人说明，并合理调整出菜顺序。

（8）点菜时，服务人员应根据客人数为客人合理配份，具体可以参照表3-1的标准。

表3-1　点菜标准

客人人数	菜份	主食品	甜品或水果	规格
4～5位或以下	4道菜	1道	1道	小盘
6位	4～6道菜	1道	1道	小盘
7～8位	6～8道菜	1道	1道	中盘
9～10位	8～10道菜	1道	1道	大盘
11～12位	10～12道菜	1道	1道	大盘

（9）确认客人需要的酒水和菜品的规格、种类、加工方法及要求，不能忽略征求客人的意见。

（10）有些菜品在加工前应进一步请客人确认，并让客人看到实物。有些餐饮企业将海鲜、蔬菜等食物直接展示给客人，明码标价，让客人自己选择，从而减少了点菜中的麻烦。

小提示：

如果客人赶时间，服务员应该主动推荐一些快捷易做的食品。

相关链接

点菜前，要做好三大工作

1.记住推荐菜

餐饮企业为了满足顾客的需要，在菜肴原料的选取上、烹调方法上、菜肴口感和造型上不断地推陈出新，同时，在每一天或每周会推出一道或几道特色菜、风味菜供顾客品尝，点菜员必须记住这些菜肴的名称、原料、味道、典故和适合的顾客群体，以顺利地将菜品信息及时传递给顾客。

2.记住沽清菜

沽清单是厨房在了解当天购进原料的数量缺货、积压原料的情况后开具的一种推销单，也是一种提示单，它告诉服务员当日的推销品种、特价菜、所缺菜品，以便服务员对当日菜式有所了解，避免服务员在当日为顾客服务时遇到尴尬、难堪、指责等情况。

后厨开出当天的沽清单后，通常会与前厅负责人协调，列举当日原料情况以及最适合出品的菜肴，并介绍口味特点、营养特点、季节特点等普通服务员难于介绍的专业知识。所以，点菜员须记住沽清菜，在介绍菜品时，就要相对有倾向性地介绍。当顾客点到当天没有的菜品时，一般可以以"对不起，今天刚刚卖完"来回答，然后要及时为顾客介绍一道口味相近的菜品，这样顾客从心理上比较容易接受，也不会引起顾客抱怨。

3.记住熟悉菜牌

了解所推销菜式的品质和配制方式，介绍时可作解释。在点菜过程中，顾客不能决定要什么时，服务员可提供建议。最好是先建议高、中等价位的菜式，再建议便宜价位的菜式。因为高、中档菜的利润较高，且有一部分菜的制作工序较简单，在生意高峰期尽量少点一些加工手续比较烦琐的造型菜和加工时间较长的菜，否则会加大后厨的工作负担，并且由于后厨太忙，可能会影响上菜速度而造成顾客投诉。

细节20：把握时机，适时上菜

上菜服务是餐厅服务人员的必备技能之一，也是餐厅服务中最容易被忽视的内容，而顾客对餐厅服务的投诉等问题往往也出在这个环节。下面就介绍一下如何提高上菜服务质量，为顾客提供优质、高雅、适时的上菜服务。

一、上菜原则

服务员上菜时要坚持如图3-4所示的4个原则。

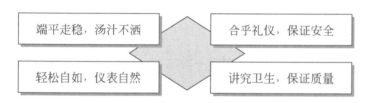

| 端平走稳，汤汁不洒 | 合乎礼仪，保证安全 |
| 轻松自如，仪表自然 | 讲究卫生，保证质量 |

图3-4 上菜应坚持的基本原则

1.端平走稳，汤汁不洒

要求服务员在行进的整个过程中保持盘子和身体的平衡，行走时稳步前进，以汤汁不外溢为原则。

2.轻松自如，仪表自然

行走端托要掌握熟练的技巧，不要过分紧张，在整体上要给客人一个自信自然的感觉。

3.合乎礼仪，保证安全

服务员的各种行为、每一个动作都要合乎礼仪要求，整个过程要仔细小心，以免发生意外事故。

4.讲究卫生，保证质量

餐饮业最关键就是要干净卫生，服务员上菜时更应注意这一点，上菜的盘底、盘边一定要保持干净，要保持桌面整洁、美观。

二、上菜位置

中餐上菜应选择正确的操作位置，上菜、撤盘一定要在席次上正副主人位两侧90°角的两个席位之间进行。中餐宴会自始至终应坚持"左上右撤"的原则，所谓"左上"，就是侧身站在宴席左侧用左手上菜；所谓"右撤"，就是侧身站在座席右侧用右手撤盘。每上一道菜，须将上一道菜移向第二主人一边，将新上的菜先放在主宾面前以示尊重。

三、上菜顺序

各地上菜顺序不尽一致，一般来说，上菜应按照如下顺序进行：冷菜→例汤（头席菜）→热菜（荤素交替，一般是最后上鱼，如果鱼是特色菜，也有的地方会早上）→汤→面点→水果（要先冷后热、先高档后一般、先咸后甜、先清汤后浓汤）。

四、上菜时机

任何宴会中，都不能将全部菜肴一次上齐，而应根据人们的饮食习惯，一道一道地来上，所以，对于服务员来说，就应灵活掌握上菜的时机。

1.凉菜

正式开宴前5～8分钟上凉菜。菜点摆在转盘上，要求：荤素搭配，疏密得当，餐具高低有致，颜色搭配巧妙；所有冷菜的点缀花垂直冲向转盘边缘；刀口讲究顺逆；有造型的冷盘，将花型正对主人和主宾，给人以美观舒服感觉。

 情景再现 ▶▶▶ --

王先生于中午打电话预订在某酒店晚上宴请朋友。等开宴后，发现上的凉菜不新鲜，是蔫的，客人当然不满意，要找餐饮店长投诉。原来是客人订餐时讲的是六点开餐，结果路上堵车，大家晚来了半个多小时，导致凉菜上桌时间过长。这时服务员应该随机应变，应在正式开宴前5～8分钟上凉菜，这是极有必要的，把握上菜时间对菜品的新鲜和品质还是很关键的。

2.热菜

上第一道热菜时，应该把菜放在主宾面前，将没有吃完的冷盘移向副主人一边。需要注意的是，如果上一道菜还没有动筷时，先不要急于上第二道菜。

3.菜上完后

菜上完后服务员应低声告诉主人菜已上完，询问一下是否需要上饭点，即将上饭点（主食）时，应提醒第二主人准备干杯吃饭，结束宴会。

4. 中餐的汤菜

国内传统酒席汤菜一般放在大菜之后，现在为适应国际旅游者的生活习惯，也可以将汤菜放在冷盘之后上。

五、上菜要求

（1）上菜时要轻步向前，双手将菜送上转台，到桌边右脚朝前，侧身而进。上每道菜时都要报菜名，视情况作适当介绍；先上调味品，再将菜端上；每上一道新菜都要转向主宾前面，以示尊重。

（2）上菜要掌握好时机，当客人正在讲话或正在互相敬酒时，应稍微停一会，等客人讲完话后再上，不要打扰客人的进餐气氛。上、撤菜时不能越过客人头顶。

 **情景再现** ▶▶▶

老王正在宴请远道而来的老朋友小李一行。服务员小陈热心地向老王推荐应时的大闸蟹，当大闸蟹上桌时，小陈又热情地向小李等人介绍本地大闸蟹的特色，在座的客人们非常满意小陈的服务。

在客人们津津有味地品尝大闸蟹时，小陈走近小李说："对不起，先生，给您换一下骨碟好吗？"小陈发现餐碟中还有半只螃蟹时，便提醒小李："先生，还有半只螃蟹呢。"小李又连忙拿起半只螃蟹，样子很狼狈。当王、李酒酣后正凑在一起说着话时，小陈过来说："对不起，打扰一下，本店特色菜'焖三丝'。"小李和老王不约而同地向两边闪，小陈麻利地上了菜，两人又干了一杯，然后又凑在一起说话，小陈又不失时机地上前说："对不起，先生，给您倒酒。"此时的老王大怒吼道："没看到我们正说着话吗？"小陈一脸茫然，不知该怎么办才好。

故事中小陈的错误在于：换骨碟时其服务没有给客人带来舒适感和享受感，反而令客人感到麻烦和难堪；上菜和斟酒时没有掌握好时机，当客人正在讲话或正在互相敬酒时，应稍微停一会，等客人讲完话后再上，不要打扰客人的进餐气氛。

（3）在上菜过程中如有新菜需上而转盘无空间时，应巡视台面情况，征询客人意见后做出判断。

比如，菜点剩的较少时可否换成小盘；同类菜品可否合盘；所剩无几的菜可

49

否撤掉；菜凉了是否需要加热。

（4）有新菜、特色菜、高档菜上桌时，可以适当在语言中体现"新菜""特色菜"或"名贵菜品"，应用礼貌用语，提醒客人重点品尝。

（5）上菜要注意核对台号、品名，与菜单一致后再操作，避免上错菜；上菜的过程中要不推、不拉、不摆、不压盘子，随时撤去空菜盘，保持餐桌清洁、美观。

（6）菜上齐后应用礼貌用语"您的菜已经上齐了"，并适时地进行再次推销。

比如说，"今天有皮蛋瘦肉粥和鲜野菜饺子，还有其他小吃，您还需要点儿什么？"

（7）掌控上菜速度，如客人吃得快，菜就上得快，绝对避免上菜脱节，使客人空等，弄得场面尴尬，也要防止上菜太快、推碟叠盘，有变相逐客现象；如果客人吃得慢，菜就上得慢，务必使厨房出菜时间掌握得准，配合宴会进程，控制出菜的速度，维持桌面整洁。

（8）凡是带骨或刺的菜肴，要适时撤除客人面前盛放残肴骨皮的盘碟，换上清洁的盘碟，并及时换上干净的小毛巾，既能保持各客座面前清新，也给予客人良好印象。

（9）如上螃蟹、带壳海鲜等需用手的菜肴，及时送上洗手盅，盅内温水约七成，盅内加花瓣或柠檬解油腻，并要告知客人："洗手盅，请洗手。"上铁板类菜式时，要注意客人的安全，可先在操作台上"烹"好，再给客人，但如台上位置够宽，可在餐台上操作，这会更有气氛，记住一定要提醒客人让一让。

🌐 情景再现 ▶▶▶

某五星级饭店，来了六位客人，这几个客人，一下子要了六只皇帝蟹，上完皇帝蟹后，服务员小李端上带柠檬的洗手盅，光顾着上盅了，结果被客人接过来一饮而尽，还咂咂舌说："味道不错。"这下子小李傻眼了，要现在说是洗手盅吧，客人脸上挂不住，不说吧，不符合五星级服务标准，手上有油腻味儿，没法品尝后边的美食。怎么办呢？报告领班，领班没法儿，报告主管，主管没招儿，最后还是经理有办法，洗手盅里是柠檬水，符合饮食标准，客人喝了没有问题，重新换一个样式的盅，改用加玫瑰花瓣，上桌前，先给客人说："刚吃完皇帝蟹，请您洗手。"这样既保住了客人的面子，也让客人洗了手，解了油腻。

细节21：菜肴上桌，摆放有型

摆菜就是在餐间服务中根据菜的颜色、形状、菜种、盛具、原材料等因素，进行有目标的摆放，讲究一定的艺术造型。有以下7个细节应当注意。

（1）员工平时要多加强对餐厅菜品、餐具的了解，特别是异形餐具（现代餐饮的异形盘越来越多）的认识和了解，平常训练时要经常用异形盘多练习，找出其中的布置规律。

（2）过去中餐宴席中，一般将大菜中头菜放在餐桌中间位置，砂锅、炖盆之类的汤菜通常也摆放到餐桌中间位置。现代的中餐宴会，一般是顺桌顺次摆放，中间的菜品为自然推进，也有的在餐桌中间摆上艺术造型，或鲜花，或看盘。

（3）遵循"鸡不献头、鸭不献尾、鱼不献脊"的传统礼貌习惯，即在给客人送上鸡、鸭、鱼一类的菜时，不要将鸡头、鸭尾、鱼脊对着主宾，而应当将鸡头与鸭头朝右边放置。上整鱼时，由于鱼腹的刺较少，肉味鲜美腴嫩，所以应将鱼腹而不是鱼脊对着主宾，表示对主宾的尊重。

 情景再现 ▶▶▶

今天王先生请他的多年未见的朋友李先生酒店用餐，席间佳肴美酒，朋友情深，喝的不亦乐乎，不知不觉间，就有点晕乎。临近席末，餐厅将压席菜——海参斑（一种深海野生鱼）搬上桌，服务员小张按照上菜程序将鱼上桌并转到主宾李先生处。王先生不高兴了，大声呵斥服务员："怎么搞的，你不知道要把鱼头对着主宾吗？"服务员小张也是老员工了，彬彬有礼道："李先生，这个鱼是我们餐厅的特色，鱼腹的刺少，肉味鲜美腴嫩，所以对向主宾，同时也代表您俩之间推心置腹，关系深厚。"小张一席话，让王先生、李先生又开心多喝了几杯。

（4）摆菜时要使菜与客人的距离保持适中。散座中摆菜时，应当将菜摆放在靠近小件餐具的位置上。餐厅经营高峰中两批客人同坐于一个餐桌上就餐时，摆菜要注意分开，不同批次客人的菜向各自方向靠拢，而不能随意摆放，否则容易造成误解。

（5）注意好菜点最适宜观赏一面位置的摆放。要将这一面摆在适当的位置，一般宴席中的头菜，其观赏面要朝向正主位置，其他菜的观赏面则对向其他客人。

（6）当为客人送上宴席中的头菜或一些较有风味特色的菜时，应首先考虑将这些菜放到主宾与主人的前面，然后在上下一道菜时再移放餐桌的其他地方。

（7）菜肴上有孔雀、凤凰图案的拼盘应当将其正面放在第一主人和主宾的面前，以方便第一主人与主宾的欣赏。

细节22：掌握分量，分菜均匀

一、分菜工具及使用方法

中餐分菜工具有分菜叉、分菜匙（或称服务匙叉）、长柄汤勺、公筷。服务匙叉的使用方法为：右手拇指和食指提住分菜叉，中指、小指在外，无名指在内夹住分菜匙，叉在上，匙在下进行夹菜。分菜时，左手握汤勺，右手持服务匙叉。分汤时，右手拿汤勺，左手自然放在背后。

二、分菜方法

分菜方法主要有如下3种。

1. 席上分菜

席上分菜为一人操作和两人配合操作。

一个人操作时，先收掉台上脏骨碟，菜上桌后介绍菜名，然后将干净骨碟围转盘摆放。分菜时，左手拿汤勺，右手拿服务匙叉，将菜均匀分到各个骨碟，要求动作熟练、迅速、准确，同时留有余地。最后顺时针方向依次将骨碟送回宾客面前或以手势请客人各自享用。

两个人操作时，一名服务员站在上菜位置负责分菜，另一名服务员站在每位宾客的右侧，把骨碟送给分菜的服务员，等菜肴分好后将骨碟放回宾客面前。

2. 席上派菜

席上派菜就是把菜盘里的菜肴逐一往客人的骨碟中分派。操作时，左手端托菜盘，右手持服务分匙，站在每位宾客的左侧，微弯腰，把菜盘托至宾客骨碟左侧边缘，用右手的分匙把菜肴分到客人的骨碟里，注意每分派一份菜后，右手的服务分匙要随着左手的菜盘一起退出，防止汤汁滴洒在客人的身上。

3.旁桌式分菜（分菜台分菜）

分菜前，在宾客餐桌旁准备好一辆服务车（或服务桌），准备好干净的骨碟，备好分菜用的匙、叉等用具。菜肴从厨房端出来后，先把菜肴上席，让宾客观赏后，将菜再撤到分菜台上（冷拼盘除外），由分菜服务员在旁桌上将菜均匀、快速地分到宾客所用的骨碟中。

> **小提示：**
>
> 以上三种分菜方法在一定范围内都有其实用价值，各有优点，因此，应根据就餐的人数和不同的菜肴采用不同的方法或三种方法交叉使用。

三、分菜注意问题

（1）分派菜肴时，动作要轻、快、准。席上分菜不要一次就把菜全部分光，宜剩下十分之一左右，留由客人自行夹取。

（2）凡配有佐料的菜肴，要先沾上佐料，然后才分到骨碟或碗里。

（3）凡带骨的菜肴，骨与肉要分得均匀，鸡鸭等菜的头尾翼尖不要分。

（4）分派时，数量要均匀，不要在菜盘里翻来覆去地配菜，只能够把一勺一筷的菜分给两位宾客，更不能从分派得多的匀给分派得少的。

（5）分菜时尽可能避免响声，分羹类切忌把汤勺往汤盆边刮。

（6）在分菜时，对每盘的菜肴数量，心中有数并分均匀。

细节23：餐中服务，周到细致

餐中服务是服务人员作业流程中的重要环节之一。一名合格的服务人员要眼勤手快，及时满足客人所需，为客人创造一个舒心、满意的就餐环境。

一、更换骨碟

（1）当客人骨碟中的骨头超过三块时，就应该考虑为客人更换骨碟。

（2）更换骨碟时，服务人员左手托放有干净骨碟的托盘，走到客人面前说"对不起，帮您换个骨碟"。

（3）从客人右侧更换，按顺时针方向，以"女士优先"的原则进行更换。

二、斟茶

（1）斟茶时，茶要有一定的热度，不能为客人倒已经凉了的茶水。

（2）倒茶时，要一手持壶把，一手按住壶盖。如图3-5所示。

图3-5　服务员斟茶

（3）倒茶要适量，以八分满为宜。

（4）斟茶后，要注意茶壶嘴应朝外放，不能对向客人。

（5）按照"先宾后主""先老后少"的顺序，礼貌地用双手将茶端到客人面前，并要恰当使用"请用茶"等礼貌用语。

三、整理台面

（1）将客人进餐中不需要的餐具撤走，再将所需的餐具摆好。

（2）撤餐具时手指不能伸入餐具内。

（3）根据客人所点菜式的先后顺序，将所需餐具从客人两侧由里及外摆放。

（4）台面保持整洁，有油渍处可用餐巾盖住。

四、上小毛巾

1.小毛巾服务次数

（1）在客人进餐的整个过程中，通常应向客人提供4次小毛巾。

（2）当客人入席后第一次提供；当客人吃完带壳、带骨等需用手帮助进食的食物后第二次提供；当客人吃完海鲜后第三次提供；当客人吃完甜食后第四次提供。

2.第一次上毛巾服务

（1）客人入座后，第一次上毛巾。如图3-6所示。

图3-6 服务员上小毛巾

（2）将毛巾箱内折好的毛巾放入小竹碟内，摆放在托盘上。

（3）从客人右侧提供服务，并依据"先宾后主、女士优先"原则顺时针进行。

（4）将毛巾竹碟摆放在餐盘的右侧，并请客人使用。

（5）客人使用毛巾后，征询客人意见，经同意后撤掉毛巾。

3.第二、三、四次派发小毛巾

（1）用毛巾夹把湿毛巾从保湿箱内取出，放在毛巾篮里，送到餐桌边。

（2）用毛巾夹从客人左边送上毛巾，放入客人的毛巾碟内。

4.撤换小毛巾

（1）每次递送之前必须将已用过的毛巾先撤下。

（2）撤下和递送不能同用一个毛巾夹。

小提示：

　　餐中服务过程应认真、热情，不能在当值时接听私人电话或收发手机信息，这样不仅违反了工作规定，还影响了餐饮企业的形象。

细节24：撤换餐具，干净利落

一、撤换餐具时机

（1）上羹或汤之前，上一套小汤碗。待顾客吃完后，送上毛巾，收回翅碗，换上干净餐碟。

（2）吃完带骨的食物之后，应换上干净餐碟。

（3）吃完芡汁多的食物之后，应换上干净餐碟。

（4）上甜菜、甜品前应更换餐碟。

（5）上水果之前，换上干净餐碟和水果刀、叉。

（6）残渣骨刺较多或有其他脏物的餐碟，要随时更换。

（7）顾客失误，将餐具跌落在地时要立即更换。

二、撤换基本要求

撤盘时，动作要干净利落，不要发出声响，还要符合清洁卫生、摆桌规格等的要求。具体来说，要注意以下5点。

（1）一般情况下，如果菜点数较少，则可以等酒席完毕后再撤盘；如果菜点数较多，则可以分次撤盘。第一次是在冷盘吃得差不多、上热炒菜前；第二次是在大菜吃得差不多、上饭菜前；第三次是在酒席完毕后。

（2）要征得顾客的同意。要注意观察顾客的动态，等顾客吃完一道菜后，稍等片刻，上前礼貌地询问顾客是否可以撤掉，得到顾客肯定的答复后才能撤换。

（3）徒手撤盘时，要站在顾客右侧，用右手撤下餐具，严禁从顾客头顶上越过，将其放入左手上，然后将左手移到顾客身后。

（4）撤盘时手指不能伸入盘内，要谨慎小心，不能将残菜或汤汁洒在地上或顾客身上。

（5）撤盘时，要把剩菜剩汤用一个碗或盘装起来，一般在顾客右边进行。摆盘摆碗时，同品种、同规格的盘碗要摆在一起，直径大的放在下面，直径小的摆在上面，圆盘要摆在条盘上，深口的、直口的盘碗要摆在浅口的、平口的盘碗上。

三、注意事项

（1）撤换时手要卫生。左手可垫上干净的毛巾或餐巾，用右手撤下顾客用过的骨碟和小汤碗。如果手指沾上卤汁，就可以用毛巾擦干净手指，再给顾客换上干净的骨碟和小汤碗。

（2）充分尊重顾客的习惯。比如调换骨碟时，也要将顾客骨碟按调换前的样子摆放。

（3）撤碟一定要征求一下意见。如个别顾客还没吃完，而新的菜又上桌了，可以先送上一只干净骨碟。

（4）撤换餐盘动作要轻、稳，防止餐具碰出响声。

（5）若餐桌上有剩余食物，切不可用手直接去抓取。服务员应该用叉匙或其他工具拿取，体现文明卫生操作。

（6）对于贵重的菜肴，不要贸然急着撤盘，以免结账时引起麻烦。

 情景再现 ▶▶▶

几位顾客在某餐饮企业用晚餐。他们点了十几道菜，其中点了鲍鱼、贝类、螃蟹和鱼肚等。每上一道菜，服务员都为顾客报菜名、换骨碟。就餐快结束时，一位醉态朦胧的顾客招手让服务员过来结账。他看过账单后，突然不满地对服务员说："我们根本就没点过'鸳鸯海鲍'和'金钱鱼肚'，你们把账算错了。"

"先生，您可能忘记了，刚才是我把这两道菜端上来的，还为您报过菜名，请大家仔细想一想。"服务员微笑着说道。

"不用想，我根本就没点过鲍鱼和鱼肚，桌子上也没有嘛。你们就是把账算错了。"顾客大声地叫嚷着。

听到顾客的叫嚷声，临桌顾客和服务员都向这边张望，领班也赶过来帮助解决问题。由于顾客要的贝类较多，更换盘碟的次数也比较频繁，加上他们吃那两道菜的速度很快，装那两道菜的盘碟已经撤掉，因此餐桌上确实找不到鲍鱼和鱼肚的痕迹。看热闹的人也越来越多。

领班一边示意服务员去找店长，一边微笑着对顾客讲："我们的服务都是按规范的程序进行的，点菜、上菜和撤盘也都是在征得顾客同意后进行的，因此请大家协助我们的工作，仔细回想一下，这两道菜一定是吃过以后忘记了。"

"我们就是没吃过……"见顾客仍在赖账，领班只好先去疏散看热闹的顾客，请其他人回到餐桌。

"先生，您好，我是本店的店长。首先，我对账单引起您的不满表示道歉。您提出餐桌上没有这两道菜，实际上是帮助我们完善服务程序，提醒我们对上过的菜不要完全撤盘，以免结账时引起误会，对此，我向您表示感谢。经过调查，鲍鱼和鱼肚确实上过桌，空盘已经撤去清洗。这样吧，这两道菜按八折计价，您看行吗？"餐饮企业店长赶来诚恳地建议道。

见餐饮企业作出了让步，顾客终于停止了吵闹，起身结账去了。

第4章 服务管理

餐饮店长怎样 *带队伍*
——店长管理的100个小细节

导言

现在餐饮业竞争日益严酷，比的不单单是菜品、价格、卫生、环境，更是体现在服务上。服务质量的优劣可直接关系到整个餐饮企业在顾客心目中的形象，所以餐饮企业应该在服务的过程中逐步提高自己的质量，让顾客在享受美食的同时也体验餐饮企业带来的优质服务。

细节25：特殊顾客，特殊服务

餐厅经常会接待一些特殊客人，如醉酒客人、残疾客人、带小孩的客人等，对这些特殊客人，餐厅要提供特殊服务。

一、醉酒客人

在餐厅吃饭，经常有一些喝多了的客人，有的趴在桌上酣睡，有的豪情万丈，有的不受控制地高声叫喊，有的甚至发酒疯、摔餐具、骂人、打人。面对这种局面，餐饮企业应该做好以下9点。

（1）提醒已经喝多了的客人及在座的其他客人，让其注意酒喝多了，会影响身体健康。

（2）给醉酒客人端来糖水、茶水解酒。餐厅也可备些解酒药，供客人服用。

（3）客人来不及上洗手间呕吐的，服务员不能表现出皱眉、黑着脸等容易激怒客人的动作和表情，而是要赶紧清理。

（4）建议呕吐了的客人吃些面条、稀饭等容易入口的软性食品。

（5）如果客人发酒疯，应请在座的其他客人进行劝阻，使其安静下来。

（6）如果客人醉酒打烂了餐具，应进行清点，后让客人照价赔偿。

（7）发现醉酒者出现呼吸困难等紧急状况，应立刻拨打120求救，或将醉酒者送往医院。

（8）服务员或值班负责人员均应将事件及处理结果记录在工作日志上。

（9）客人若是因为庆祝、团聚等一些令人高兴的原因而喝醉的，服务员可以礼貌而婉转地劝其不要再喝。

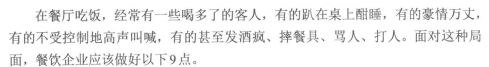

小提示：

有的客人是因为有了不愉快的事情而喝闷酒，导致醉酒发生，服务员同样要温和、婉转地劝其少喝些，并可以适当地与客人交谈几句，说一些宽心和安慰的话。不过，千万不要谈得太具体、太深入。

二、残疾客人

残疾人最怕别人用异样的眼光看待他们，服务人员绝不能用怪异的眼光盯着残疾客人，而是要用平等、礼貌、热情、专业的态度为其提供服务，尽量将他们安排在不受打扰的位置。

1.盲人客人

盲人客人因为看不见，服务员应给予其方便。具体做法如下。

（1）为其读菜单，给予必要的菜品解释，同时在交谈时，避免使用带色彩性的词作描述。

（2）每次服务前，先礼貌提醒一声"你好，我是服务员……"让他有安全感和信任感，也可以防止客人突然的动作，造成意外发生。

（3）避免提到"瞎"这样的敏感字眼。

（4）菜品上桌后，告诉客人什么菜放在什么位置。

（5）客人结账时，不要帮他掏钱，钱币上有盲文，客人会分辨出币值大小。

（6）客人离开时，如果有电梯，记得帮他按电梯；如果是楼梯，告诉他有几级台阶。

2.肢体残疾客人

肢体残疾的客人因为行动不方便，需要服务员多关注以便提供必要的帮助。具体做法如下。

（1）应将客人安排在角落、墙边等有遮挡面的位置，能够挡住其残疾部位的座位上。

（2）使用拐杖的客人，在帮助他入座后，将拐杖在客人触手可及的地方放置好。

（3）坐轮椅的客人，可以把原来的餐凳拿走，将轮椅客人推至餐桌前。

（4）需要的话，帮助客人脱掉外套，放置好衣物和包。

（5）客人需要上洗手间时，搀扶客人至洗手间外。如果需要进一步服务的，最好请客人同行的家人朋友帮助，或者与客人同性的服务员继续为之服务。

3.聋哑客人

聋哑人沟通不方便，服务员在服务过程中应当多了解他们的行为意图。具体做法如下。

（1）点餐的时候，记得递上笔，方便他们将要点的菜勾画出来，并一一确认。

（2）利用简单明了的手势动作进行沟通。

（3）尽量不要讲话，当你讲话时，他们没办法听见就觉得很苦恼，也不要因为听不见就大声，再大声他们都听不见，反而把别人的目光都引到这边来，对他们来说是一种伤害。

（4）提供纸笔很重要。当你没办法理解他们的意思的时候，纸和笔就起到关键作用了。

（5）交流时，要正视对方，不要左顾右盼；笔谈时，要写清楚，简明扼要。

4.智力残疾客人

智力残疾的客人，可以把他们当作小朋友来对待，多些耐心多些关心。具体做法如下。

（1）用正常的目光看待他们，不要显示出恐惧或者惊讶的样子。他们只是心智发育得不完全，但也能感知到你的态度。

（2）将客人安排在安静的角落，不会被人打扰。可能客人自己不觉得有什么，但可以给客人同行的家人或者朋友省去不少烦恼。

（3）点餐的时候要有耐心，自己说话要清楚明了，并且给予他们足够的思考和提问的时间，不要催促。

（4）说话的时候要注意力集中，确认听懂客人的要求，要耐心，不要以为理解了对方的意思就不听他说话。

（5）避免提到"傻""智障"等敏感字眼。

三、带小孩的客人

带小孩的客人来餐厅用餐，服务员要给予更多的关注和照顾，服务员所做的每一点努力，都会得到客人的认可与赞赏。服务员可以从下面8个方面着手，去照顾带小孩的客人用餐。

（1）对年幼的小客人要耐心、愉快地照应，并帮助其父母，使小朋友坐得更舒适一些。可以为小孩拿来儿童专用椅，一般的餐厅都应准备好这样的专用椅。

（2）在小孩的桌上，不要摆放刀叉等餐具，另外像易碎的糖缸、盐瓶等物品也应挪到孩子够不着的地方，以免发生意外。

（3）如果有儿童菜单，请家长先为孩子点菜，点了菜之后，可以先给孩子上菜，孩子的菜要注意软、烂、易消化。

（4）孩子使用的餐具要安全，一般可以使用金属的，而不要选择玻璃制品，给孩子斟饮料，不要用太高的杯子，最好用短小的餐具，以方便其使用。

（5）尽可能地为小朋友提供围兜儿、新的坐垫和餐厅送的小礼品，这样会使孩子的父母更开心。

（6）如果小朋友在过道上玩耍，打扰了其他客人的正常用餐，要向他们的父母建议，以免其他意外的发生。

（7）当孩子用餐完毕，服务员可以给孩子提供一些简单的玩具供其玩耍，或是帮助家长照看一下小孩，让大人免除牵挂地用餐。

（8）有的孩子十分可爱，服务员喜欢上去逗弄孩子，但若非很熟，最好不要抱小孩或是抚摸小孩的头，有些孩子的父母不喜欢看到这种情形。没有征得孩子父母的同意，服务员也不要随意给孩子吃东西。

> **小提示：**
>
> 对于带小孩用餐的客人，服务员既要热情，又要得体，要注意把握好分寸，千万不要适得其反。

四、老年客人

如果就餐的客人是老年人，年老体弱就更需要服务员给予特殊照顾。若是看到年老的客人独自来用餐，身边无其他同行的客人时，服务员应主动地扶他们就近入座，要选择比较安静的地方，放好手杖等物，在客人离开前，主动地把手杖递到他的手中。在给老年客人上菜时，要注意速度应快一些，不要让其久等，给老人做的饭菜，还要做到烂、软，便于咀嚼。总之，对于老年客人，服务方面应给予更多的细心与关心。

情景再现 ▶▶▶ ---

王女士和他80多岁的母亲来到餐厅用餐，刚下车，王女士便走到她母亲身旁搀扶着，原来老人的行动不太方便。这一细节被服务员小郭看到了，于是，她快步走出大门，微笑着来到老人面前说道："老奶奶，您慢点，我来搀扶您吧。"到了餐厅的大门口，小郭立即将旋转门的速度放慢，让老人安全地走进了餐厅。进了餐厅小郭还专门为老人安排了一个出入方便的位置，然后微笑着离开了。待王女士及母亲用完餐准备离开的时候，小郭又细心地把老人送出了餐厅，当老人准备上车时，小郭不仅为老人拉开了车门，又将老人的双腿扶进车里帮老人把大衣披好，最后将车门轻轻地关上。小郭这一系列服务使王女士和她的老母亲非常感动，他们连连称赞说："你们的服务太好了，下次我们还来这儿！"

细节 26：合理需求，尽量满足

到餐厅用餐的客人，可能会提出各种各样的要求，如要求自己加工食品、自带食品要求加工、代管物品等。餐厅要尽量满足客人要求，为客人提供优质的服务，从而赢得更多的回头客。同时，餐饮企业也要加强员工在此方面的培训。

1.自己加工食品

有时客人在就餐的过程中，要求自己加工一下食品或自带一些食品要求加工。对于这样的情况服务员应根据餐厅的规定酌情处理。

2.自带食品要求加工

有时客人会自带一些食品要求加工，这也是一件正常的事，餐厅应尽量满足客人的需求而不应拒客人于千里之外。但是，服务员事先要告诉顾客，替客人加工其自带的食品，要收加工费的，这是餐厅的规定，无法破例。

同时，还应当着客人的面，鉴定一下客人所带食品的质量，以防加工以后，客人提出品质方面的质疑，引起不必要的麻烦。

3.代管物品

有的客人在餐厅用餐时，会将没有吃完的食品或酒品请服务员代为保管。遇到这种情况，服务员应注意处理好，不要引起顾客的误会，认为是怕麻烦之类的原因。服务员一般可采用下列办法来解决这个问题。

（1）耐心地对客人解释，说明食品关系到健康问题，为了防止意外，为了对客人负责，餐厅规定一般不宜替顾客保管食品。

（2）服务员可以主动替客人打包，请客人带走。

如果是客人要去办其他的事，要求临时将食品存放一段时间，办完事后再来取，服务员可以请示领导，得到批准后为客人代存。

> **小提示：**
>
> 餐饮企业在替客人保存食品之前，要将食品包好，写好标签，放到冰箱内，服务员之间也要交代清楚，待客人来取时，以便及时地交给客人。

（3）客人要求保存剩下的酒品，餐厅应根据酒的种类和客人的具体情况酌情处理，具体方法如图4-1所示。

方法一	一般葡萄酒类的酒品，开瓶后不宜保存时间过长，客人若要求代管剩下的葡萄酒，服务员可以为其服务，并提醒客人记住下次用餐时饮用
方法二	如果顾客要求保存白酒，则放在酒柜里即可，也要上锁并由专人负责
方法三	为客人代管的酒品，要挂上客人的名牌，放在专用的冰箱里，冰箱应有锁，由专人负责保管

图4-1 替客人保管酒品的方法

从经营的角度来说，客人在餐厅里存放酒品，说明对该餐厅感兴趣，对餐厅的菜点和服务都满意，有常来的意思，这是表示对餐厅的信任，是好事。

 情景再现 ▶▶▶

有一天，某公司陈总在一家高级餐饮企业宴请客户。看来宴请的顾客很重要，陈总特地点了50年酒龄的茅台。酒过三巡、菜过五味，转眼两瓶酒即将见底。服务员小姚一看，再拿1瓶肯定喝不完，不拿客户又兴致未尽。

思考之后，只见她对着耳麦轻轻说了几句。不一会儿，宴会结束了。陈总去收银台结账时问服务员小姚："今天我们喝了几瓶酒呀？""两瓶！""不对吧！明明摆着3瓶吗？""陈总，有一瓶是您上次来保存在我们这里的。""哦？！太好了！"

细节27：要求陪酒，委婉拒绝

顾客要求陪酒，这可能是顾客想表示对服务员服务工作做得好的谢意。对于这种性格外向的顾客，服务员要谢过对方的好意，并委婉地告诉顾客，餐饮企业规定服务员是不能与顾客一起喝酒的，请顾客谅解。同时，要马上为顾客倒酒、换骨碟等，以转移顾客的注意力。

顾客找不到人喝酒，一个人喝又觉得没意思。对于这类顾客更要注意自己的

行为举止，免得顾客借酒浇愁，把你当成倾诉或发泄不满情绪的对象，既影响你正常的服务工作，又妨碍了对其他顾客应有的服务，还把自己无端卷进顾客的是非之中。有个别顾客有意借三分醉意挑逗服务员。遇到这种顾客，服务员要严肃、技巧地拒绝顾客的无理要求，并请顾客自尊、自爱。拒绝时用词要温和，但态度一定要严肃、沉着。

 情景再现 ▶▶▶ --------------------------------

　　某天，服务员小王接待了几位挑剔的顾客，他们刁难了小王好几次，小王总是耐心地为他们服务。突然，主宾大声说："小姐，你对我有意见？这么多人，你偏偏把鱼头朝向我？"

　　"不敢，不敢。"小王急忙摇头。

　　"那，你得给个说法，不然，这鱼头酒，你替我喝了。"顾客有点刁难。

　　小王壮了壮胆："您看，这是条鳜鱼，您呢，是今天的贵客，您说，鳜（贵）鱼不朝着贵客，朝着谁呢？"顾客们都笑了。

　　终于，气氛在一个小小的玩笑后缓和了些。可这鱼头酒，那位主宾是说什么也不喝。顾客们又把任务交给了小王："小姐，鱼是你放的，鱼头酒还是你来解决吧！"

　　"什么？这……"小王慢慢地走到主宾身旁端起酒杯，"先生，我知道，您是一定不会让我为难的，是吧？！"

　　"嗯，怎么不会！你替我把它喝了，我出小费！"

　　小王哭笑不得，说："上班时间不能喝酒，这是我们的规矩啊。"

　　"我又不说，谁知道？"他边说还边站起来关上包房的门，又掏出一张百元大钞拍在桌子上。

　　小王笑着摇头，说："先生，您也是领导，和我们领导一样，总不希望看到自己的员工触犯规章制度吧！"

　　"好！说得好！大哥，喝吧，不就小酒一杯吗？小姐脚都站累了！"一桌人居然都为小王说话。他终于端起了酒杯一饮而尽。

　　后面的服务异常顺利，顾客的态度也来了个180度的大转弯。临走，都主动和小王握手表示感谢！

餐饮店长怎样**带队伍**——店长管理的100个小细节

细节28：常见问题，巧妙应对

一、顾客点了菜单上没有的菜

如果顾客点的是菜单中没有的菜式，应请顾客稍候，向厨房询问是否有所需的原料和配料、菜品的质量能否保证、出菜的时间是否太长等，然后再向顾客做解释，请顾客自己决定或者向顾客作相应的推介。

二、不能满足客人点菜要求时

当客人依据菜单点菜时，碰到所点的菜或希望品尝的菜没有而遭到拒绝，或者换一道菜后（也是客人比较喜欢的菜），可服务员又说"对不起，此菜今日也没有供应"，客人就会非常懊恼，尽管服务员彬彬有礼，客人也会对服务产生不满。因此，餐厅须做到"凡是菜单上列出的、只要是客人需要的，都必须保证供应"，这样才能使客人对餐厅的服务产生好感。

为了保证供应菜单上的所有菜式，餐饮企业必须在管理上突出菜单的地位，使各项业务如销售预测、原料采购、厨房生产、仓库储存量控制、厨房与餐厅协调等都以菜单为纲进行运转。

在营业时间临近结束或某种所需原料"断档"，此类事件难免发生，这时厨房应尽早通知前厅，以便在客人点菜前告知，并请客人原谅，取得客人的谅解。若客人对于某菜不能提供而感到遗憾时，可让餐饮店长出面，向客人致歉，并向客人推荐价格、菜质相似的其他替代菜肴。

三、顾客提出问题服务员答不上来

顾客在餐饮企业用餐时，有时会问服务员一些问题，比如本餐饮企业菜品的品种，或是当地有哪些风景名胜，或者是某公共场所的地址等一系列问题。

对顾客提出的合乎要求的问题，服务员一时答不出来的，应求助他人，给顾客一个答案。

有时顾客也会问一些关于菜肴的做法，或是原料的品种等问题，服务员如果知道，就直接告诉顾客，若是不太清楚，就要表示歉意，然后表示尽量寻求帮助，

第4章 服务管理

为他解答。

情景再现 ▶▶▶ ---

　　某家餐饮企业，一位顾客问服务员："'葱烧海参'这道菜中使用的海参是什么品种？"这位服务员回答不上来，就说："实在对不起，我不太清楚，让我去问问厨师后再告诉您。"顾客对该服务员表示满意，因为他感受到了服务员对他表现出的应有的尊重与热情。

细节29：顾客过错，妥善解决

一、顾客损坏物品

　　绝大多数用餐顾客在餐饮企业损坏餐具或用具是不小心所致。对待这种情况，具体做法如下。

　　（1）先要收拾干净破损的餐具和用具。

　　（2）服务人员要对顾客的失误表示同情，不要指责或批评顾客，使顾客难堪。

　　（3）根据餐饮企业有关财产的规定，视情况决定是否需要赔偿。

　　如果是一般的消耗性物品，可以告诉顾客不需要赔偿了，如果是较为高档的餐具和用具，需要赔偿的话，服务人员要在合适的时机，用合适的方式告诉顾客，然后在结账时一起计算收款，要讲明具体赔偿金额，开出正式的现金收据。

情景再现 ▶▶▶ ---

　　一位40多岁的女士，在某餐饮企业酒架前选葡萄酒时，不小心摔碎了一瓶。服务员闻声跑过来，看到这种情况，马上护送这位女士走出碎玻璃范围，并关心地询问："女士，您没有受伤吧？"

　　顾客感到不好意思，说道："不，我没受伤。不过，打破了一瓶酒，真是对不起。这瓶酒多少钱？我照价赔偿。""不用，不用！是我们商品陈列不好才让您受惊的，这是我们的疏忽，您不用在意。"服务员说完后，便叫清洁工把碎瓶子清理干净了。

顾客依然觉得过意不去，便坚持要赔偿，可服务员一再委婉地拒绝。后来，顾客只好说："好吧，既然你坚持不让我赔偿，那么你把你们最好的葡萄酒给我拿六瓶。"说完，便付了不菲的价钱买走了六瓶价格极高的葡萄酒。

二、顾客偷拿餐具

餐饮企业中用于服务的餐具，特别是一些特色餐饮企业里面餐具的款式和做工一般都比较精巧别致，有些顾客会出于好奇，也有些旅游的顾客，每到一个地方都喜欢拿一点小物品或是餐具作为纪念品，而擅自拿走。

发生了顾客偷拿餐具怎么办？餐饮企业是进餐的场所，因此，当服务员发现了顾客偷拿餐具时，千万不可大声嚷嚷，也不能生硬地让顾客当场把偷拿的物品交出来。服务员若是强行命令顾客，就很容易把事情弄僵，有时甚至会扰乱餐饮企业的正常秩序和气氛。遇到这类问题时，服务员应讲究策略与方法，巧妙地解决。

 情景再现 ▶▶▶

在一家高档餐饮企业里，一位外国顾客用餐时，看到所使用的餐具古色古香，富有中国特色，心生爱意，于是悄悄地装进了口袋。这一幕，恰巧被服务员小柳看到了，她不动声色地说："谢谢各位的光临，顾客的满意是本店的荣幸。我发现有的顾客对我店的餐具很感兴趣——这当然是很精美的工艺品——如果有哪一位愿意购买的话，我可以与我们的工艺品销售部联系，那里有同样精致、无毒且全新的具有中国特色的成套餐具奉献给各位。"说着便把目光投向了那位将餐具放进口袋的外国顾客身上。那位顾客马上从口袋里将餐具掏出来，说："我看到贵国的工艺品太精致了，情不自禁想收集一套，我很喜欢它，既然有全新、成套的，那就以旧换新吧。"

细节30：顾客投诉，冷静处理

餐饮行业的最大特点，在于服务的即时提供和消费的即时完成，因而在服务及消费的过程中，稍有不慎，极易引起客人的投诉。遇到投诉，任何辩解都无济于事，关键在于诚恳、虚心地聆听客人的投诉，冷静处理，予以解决。

一、汤汁洒在客人身上

若服务员操作不小心将汤汁、菜汁洒在客人身上时，由餐饮店长出面，诚恳地向客人表示歉意，并由服务员及时用干净的毛巾为客人擦拭衣服，动作轻重适宜。

根据客人的态度和衣服被弄脏的程度，由餐饮店长主动向客人提出为客人免费洗涤的建议，洗涤后的衣服要及时送给客人并再次道歉；若衣服弄脏的程度较轻，经擦拭后已基本干净，餐饮店长应为客人免费提供一些饮料或食品，以示歉意。

用餐途中若客人出于粗心，在衣服上洒了汤、汁，看桌服务员应迅速到场，主动为客人擦拭，同时要安慰客人；若汤汁洒在客人的菜盘或台布上，服务员要迅速清理，用餐巾垫在台布上，并请客人继续用餐，不能不闻不问。

二、服务员对客人不礼貌

由于服务员对客人不礼貌造成的客人投诉，可采取表4-1的应对方法。

表4-1　服务员对客人不礼貌造成投诉的应对方法

序号	应对方法	具体说明
1	避免在先	餐饮企业服务员须经过严格的职业道德和服务标准培训，在观念上树立"客人永远是对的"意识，绝不可对客人不礼貌
2	让服务员回避	一旦发生服务员与客人争吵，餐饮店长应立即出面，首先让服务员离开服务现场，然后以经理身份向客人道歉，认真倾听客人的投诉，主动替服务员向客人认错，最后表示一定会认真对该服务员进行教育、处理
3	替换服务员	对于屡次在服务现场与客人发生争执或对客人不礼貌引起客人不满的服务员，必须将其撤离岗位，由能胜任对客服务工作的、素质良好的服务人员担当

三、顾客投诉饭菜中有异物

在餐饮服务中，有时的确会有这种问题发生。比如，菜肴中会有草根、米饭中有黑点等，有时菜肴中甚至还有如碎瓷片、碎玻璃、毛发、铁钉等物品。

在遇到此类情况时，服务员应首先向顾客表示歉意，然后将顾客已经上桌的饭菜，不论其价格高低，都立即撤下来，仔细分辨是什么东西。

经过分辨，认定是异物时，要立即为顾客重新做一份新的饭菜，或者是征求顾客的意见换一款与之相近的菜肴，同时再次向顾客表示诚恳的歉意。

作为餐饮企业店长，要对异物产生的原因进行分析，是菜肴清洗方面的原因，还是不安全操作的原因，或者是厨房卫生方面的原因，以便今后更加注意防范。

出现异物的原因不同，顾客的反感程度也不一样，像草根之类的异物，顾客一般较容易理解，而如果是人为的卫生上的问题，顾客可能会非常反感。根据顾客反感程度的不同，餐饮企业店长要做出相应的表示，通常换菜是最为简单的补偿，有的时候还要免收部分餐费，餐饮企业店长还要亲自向顾客赔礼道歉，以示重视。

小提示:

　　餐饮企业出售的饭菜中出现的异物，无论是何种东西，都要引起有关方面的高度重视，因为这关系到餐饮企业的信誉与声誉，要认真吸取教训。

情景再现 ▶▶▶

　　张先生是某电子公司销售部经理，过节了，他请同事们来到了湘菜馆聚餐。大家见经理如此盛情，就分别点了自己喜欢的菜肴，有"嫦娥奔月""滑菇笋片""蚂蚁上树"等。

　　不一会，凉菜纷纷上桌了，"这是您点的'蚂蚁上树'。""等会儿，服务员！"张先生笑着说，"你说这叫'蚂蚁上树'，是吗？""对呀，这是我们餐饮企业的特色菜，是用土豆丝做的，很爽口的。"服务员微笑着说。

　　张先生指着菜说："我看这是头发上树吧，这美味可口的土豆丝上面怎么镶嵌着一根头发丝呀？"大家顺着张经理的手指看过去，在金黄色的土豆丝中果然夹杂着一根黑色的头发。"先生，非常抱歉！我马上给您换菜！"服务员尴尬地说。"我想一定是蚂蚁不听话，咬住头发丝跑到土豆丝上去了吧！"张经理说完，顾客们哄堂大笑，这让服务员感觉更尴尬了。她赶紧把菜撤掉又让厨房重新做了一份。

四、客人投诉菜肴质量时

客人投诉菜肴质量时的应对方法见表4-2。

表4-2　客人投诉菜肴质量时的应对方法

序号	投诉情况	应对方法
1	若客人提出的菜肴质量问题可以通过重新加工得以解决，比如口味偏淡、成熟度不够等，服务员应对客人说"请稍候，我让厨房再给您加工一下"，然后向餐饮店长汇报，经其同意后撤至厨房进行再加工，并保证在10分钟内加工完毕重新上桌	重新加工
2	若客人对菜肴原料的变质或对烹饪的严重失误提出质疑，服务员应向餐饮店长汇报，由经理出面表示关注与致歉，并应维护餐厅形象，经理应对客人说"十分抱歉，这是我们的一个失误，以后不会再发生的，我立即让厨房给您换菜，一定会让您满意"，并保证在15分钟内换上新菜，指示服务员给客人加菜，以示慰问	换菜
3	若客人在结账时提出菜肴有质量问题，又属实际情况时，加上客人是老主顾，可由餐饮店长决定给予菜肴一定折扣，以九折或九五折为妥	价格折扣

五、其他客人投诉情况及处理方法

其他客人投诉情况及处理方法见表4-3。

表4-3　其他客人投诉情况及处理方法

序号	客人投诉情况	处理方法
1	餐厅坐满了客人，值台服务员忙不过来，又无人帮忙	保持镇定，先给客人菜单及冰水或茶水，尽量及时地错开为二桌或三桌客人同时服务，迎宾员此时也应主动协助点菜及开票打单，不能让客人产生不受重视的不良感受
2	由于突然增加了许多客人，厨房烹调食品的速度跟不上	倒茶水给客人，提供更多的饮料，告诉客人菜还未好，不要让客人觉得他（她）的菜被遗忘了
3	儿童吵闹	设法使儿童高兴，令其喜欢，但尽量不要抱客人小孩及带小孩远离其父母周围
4	食品做得不符合客人要求	上菜后注意客人3～5分钟，看客人是否满意，如客人有意见及时解决
5	客人说食品熟的程度不够或凉了	应说"我给您拿回厨房继续做好（或加热）"，并迅速送至厨房

序号	客人投诉情况	处理方法
6	食品烧得过老而不能弥补时	应向客人道歉，马上重新做一份或建议客人另点其他菜肴，并说明会很快做好
7	客人因不满而说"不会再来"时	请餐饮店长处理，并给客人的消费予以优惠
8	服务员忘记将点菜单送进厨房	发现时客人已等了很长时间，马上将点菜单送至厨房，请餐饮店长向厨房主管或厨师长请求协助立即为客人做菜，同时向客人道歉，可免费提供客人一杯咖啡，必要时还可提供一些饮料
9	客人因急于赶飞机或火车，希望快点进餐	要耐心安抚客人，并主动为客人介绍一些方便快餐，主动去厨房商量，请其及时、迅速地为客人做好餐点，使客人不致因焦急而产生不快
10	有些客人在心情不愉快时，会特别烦躁，但又不愿被服务员发现	对待这种客人，一定要谨慎小心，尽量由熟练服务员接待，方法是主动送饮料、热情介绍菜点，用细致的服务去投其所好，取得较好的效果

细节31：退菜减账，酌情处理

一、顾客要求取消等了很久却没上的菜

顾客催菜是个常见的问题。遇到这种情况，服务员要按如下程序处理。

（1）首先要道歉。

（2）再查看点菜单和桌上摆放着的菜品，确定无误后，马上通知传菜员或自己到厨房查对、催促。

（3）若顾客要求退掉该菜，应赶紧去厨房查问这道菜做了没有。如果是即将做好的，要回去跟顾客解释，并告诉他们所点的菜很快就上，请他们稍等，并为此再作道歉；如果菜还没做，则应向主管报告，同意顾客退菜的要求。

二、顾客因菜肴长时间不上而要求减账

顾客点了菜，却迟迟不见上菜，而服务员也没有注意到这种情况，没有及时

地与厨房联系，这是餐饮企业方面的失误。

发生这种情况时，顾客要求退菜、减账，这也是完全正当、合理的，因为是餐饮企业方面延误了太多的时间，服务员也没有及时联系，所以，服务员对于顾客的要求应该给予满足。

当然，在具体处理这种情况时，服务员也可以与顾客商量一下，是否可以马上制作这道菜，为其上菜，但是决定权在顾客的这一方，服务员不能强求。如果顾客仍然不同意，执意要求退菜、减账，服务员应照办，并且因为自己工作的疏忽而怠慢了顾客，要向顾客道歉，取得顾客的谅解与理解。服务员还应检查一下自己为何失职，注意在以后的服务过程中跟菜要及时。

细节32：突发事件，沉着应对

一、烫伤的处理

（1）将被烫的部位用流动的自来水冲洗或是直接浸泡在水中，以使皮肤表面的温度可以迅速降下来。

（2）在被烫伤的部位充分浸湿后，再小心地将烫伤表面的衣物去除，必要时可以利用剪刀剪开，如果衣物已经和皮肤发生粘黏的现象，可以让衣物暂时保留，此外，还必须注意不可将伤部的水泡弄破。

（3）继续将烫伤的部位浸泡在冷水中，以减轻伤者的疼痛感，但不能泡得太久，应及时去医院，以免延误了治疗的时机。

（4）用干净的布类将伤口覆盖起来，切记千万不可自行涂抹任何药品，以免引起伤口感染和影响医疗人员的判断与处理。

（5）尽快送医院治疗。如果伤势过重，最好要送到设有整形外科或烧烫伤病科的医院。

二、烧伤的处理

（1）如果顾客身上着火，应该告知顾客用双手尽量掩盖脸部，并让其立即倒地翻滚让火熄灭，或者立刻拿桌布等大型布料将伤者包住翻滚将火熄灭。

（2）等到火熄灭后，再按烫伤的急救步骤来处理。

三、腐蚀性化学制剂伤害的处理

（1）无论是哪种化学制剂，都应该以大量的清水加以冲洗，而且清洗的时间至少要维持30分钟，才可以冲淡化学制剂的浓度，尤其当眼睛已受到伤害时，更要立即睁开眼睛用大量清水来冲洗。

（2）立刻送医院治疗。

四、电伤的处理

（1）先切断电源或是用绝缘体将电线等物移开，接着应立即检查伤者是否有呼吸和心跳，如果呼吸与心跳停止，应该立即进行人工呼吸救助。

（2）若是电伤的伤害程度较深，应该直接送往医院急救。

五、顾客跌倒的处理

顾客在餐饮企业跌倒，服务员应主动上前扶起，安置顾客暂时休息，细心询问顾客有无摔伤，严重的马上与医院联系，采取措施，事后检查原因，引以为鉴，并及时汇报，做好登记，以备查询。

六、顾客打架闹事的处理

如果打架闹事者根本不听劝告，继续斗殴，情况比较严重的，餐饮企业经营者应马上报告公安局，请警察采取适当措施，以维持餐饮企业的秩序。

（1）服务员在劝阻顾客打架闹事时，要注意方法，态度上要尊敬对方，言语上用词恰当，自己不要介入到纠纷中去，不要去评判谁是谁非。

（2）一般来说，打架闹事的人多是出于一时的冲动，逞一时之勇，即使是故意、有目的的打架斗殴，只要服务员能及时、恰当地劝阻，一般都会解决。

（3）制止打架斗殴，不但是为餐饮企业的安全和名誉着想，也是为打架的双方着想。如果闹事者是冲着捣乱而来的，服务员更应该保持冷静，而不要中了圈套。

（4）若是事态严重的，服务员要立即拨打"110"，并注意保护现场以便审案时取证。

七、突然停电的处理

营业期间如遇到突然停电，服务人员要保持镇静，首先要设法稳定住顾客的情绪，请顾客不必惊慌，然后立即开启应急灯，或者为顾客餐桌点燃备用蜡烛，并说服顾客不要离开自己座位，继续进餐。

然后，马上与有关部门取得联系，搞清楚断电的原因，如果是餐饮企业供电设备出现了问题，就要立即要求派人检查、修理，在尽可能短的时间内恢复供电。如果是地区停电，或是其他一时不能解决的问题，应采取相应的对策。对在餐饮企业用餐的顾客要继续提供服务，向顾客表示歉意，并暂不接待新来的顾客。

在平时，餐饮企业里的备用蜡烛应该放在固定的位置，以方便取用。如备有应急灯，应该在平时定期检查插头、开关、灯泡是否能正常工作。

 情景再现 ▶▶▶ --

傍晚，某餐饮企业正在举办寿宴。天逐渐地暗了下来，寿宴正进行得热烈而隆重。

突然，餐饮企业漆黑一片，停电了。短暂的沉寂之后，迎来了此起彼伏的喊声："服务员，怎么停电了？""服务员，赶紧去看看！""服务员，什么时候来电？"……

领班小王反应迅速，来到库房抓了两包红蜡烛，跑回餐厅，立刻安排12名服务员站成两排，点燃蜡烛，整齐地排好队，同时他手持扩音器，说道："尊敬的顾客，幸福的寿星！今晚，我们酒楼特别策划送上别致、独到的烛光晚宴，祝寿星及来宾在此吃得开心！"霎时间，掌声雷动，整个餐厅充满了温馨浪漫的气氛。顾客们都非常高兴，赞不绝口。

服务员逐个把蜡烛放到烛台上，然后送到大厅的各个区域。宴会继续进行，气氛依然热烈。

第5章 后厨管理

 导言

　　厨房是餐饮的核心，厨房的管理是餐饮管理的重要组成部分。厨房的管理水平和出品质量，直接影响餐饮的特色、经营及效益。因此，做好厨房管理就显得尤为重要。

细节33：厨房人员，合理配置

科学合理配置厨房人员，有利于节约人力成本，提高员工工作效率。那么作为餐厅的重要职能部门的厨房可以参考下列要求进行人员配置。

一、确定厨房人员数量

厨房人员，因餐厅规模不同、档次不同、出品规格要求不同而数量各异。在确定人员数量时，应综合考虑如图5-1所示的因素。

因素一	厨房生产规模的大小；相应餐厅、经营服务餐位的多少、范围的大小
因素二	厨房的布局和设备情况，布局紧凑、流畅，设备先进、功能全面，还是与之相差甚远
因素三	菜单经营品种的多少、制作难易程度以及出品标准要求的高低
因素四	员工技术水准状况
因素五	餐厅营业时间的长短

图5-1　确定厨房人员数量应考虑的因素

确定厨房人员数量，较多采用的是按比例确定的方法，即按照餐位数和厨房各工种员工之间的比例确定。档次较高的饭店，一般13～15个餐位配1名烹饪生产人员；规模小或规格更高的特色餐饮部门，7～8个餐位配1名生产人员。

比如，粤菜厨房内部员工配备比例一般为1个炉头配备7个生产人员；2个炉头配2个炉灶厨师、2个打荷、1个上杂、2个砧板、1个水台、1个洗碗、1个择菜煮饭、2个走楼梯（跑菜）、2个插班。如果炉头数在6个以上，可以设专职大案。

其他菜系的厨房，炉灶与其他岗位人员（含加工、切配、打荷等）的比例是1：4，点心与冷菜工种人员的比例为1：1。

确定厨房生产人员数量，还可以根据厨房规模，设置厨房各工种岗位，将厨房所有工作任务分各岗位进行描述，进而确定各工种岗位完成其相应任务所需要的人手，汇总厨房用工数量。

二、厨师长的选配

厨师长是烹饪生产的主要管理者，是厨房各项方针政策的决定者。因此，厨师长选配的好坏，直接关系到厨房生产运转和管理的成败，直接影响到厨房生产质量的优劣和厨房生产效益的高低。

厨师长的选配，首先要明确厨师长的素质要求，然后再选择合适人员，全面履行其职责。

三、生产岗位人员安排

厨房生产岗位对员工的任职要求是不一样的。充分利用人事部门提供的员工背景材料、综合素质以及岗前培训情况，将员工分配、安排在各自合适的岗位，需注意以下两点。

1.量才使用，因岗设人

厨房在对岗位人员进行选配时，首先考虑各岗位人员的素质要求，即岗位任职条件。选择上岗的员工要能胜任、履行其岗位职责，同时要在认真细致地了解员工的特长、爱好的基础上，尽可能照顾员工的意愿，让其有发挥聪明才智、施展才华的机会。要力戒照顾关系、情面而因人设岗，否则将为厨房生产和管理留下隐患。

2.不断优化岗位组合

厨房生产人员分岗到位后，并非一成不变。在生产过程中，可能会发现一些学非所用、用非所长的员工，或者会暴露一些班组群体搭配欠佳、团队协作精神缺乏等现象，这样不仅影响员工工作情绪和效率，久而久之，还可能产生不良风气，妨碍管理。因此，优化厨房岗位组合是必需的，但在优化岗位组合的同时，必须兼顾各岗位，尤其是主要技术岗位工作的相对稳定性和连贯性。

第5章　后厨管理

细节34：选择厨师，爱岗敬业

一个名牌企业可以振兴一个地方的经济，同样的道理，一个爱岗敬业的好厨师可以带活一个酒楼、餐厅。一名好的厨师应该具备如图5-2所示的素质。

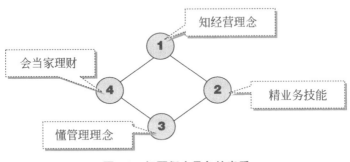

图5-2　好厨师应具备的素质

一、知经营理念

作为一个敬业厨师必须具备多方面的知识和技能，比如对于当今餐饮业的发展要有敏锐的洞察力，掌握餐饮业的竞争规则、价值观念、创新意识，和该酒楼所在地的消费档次与规模、服务水准及对当地市场动态的了解。只有具备灵活多变、应对迅速的经营策略才能在激烈的餐饮竞争中招揽到大量的消费者，从而为酒楼、餐厅树立良好的社会公众形象，即品牌。

二、精业务技能

一个名厨必须是精通本菜系的烹调技术能手，并且旁通国内各主要菜系的烹调方法和技能，无论是烹调、火候、刀工、食雕、冷盘、小吃、点缀，都能得心应手，而且能指挥带动整个厨房内的各岗位厨师爱岗敬业地工作。对于菜式要不断地推陈出新，对于厨师的培养和提高要起到领头羊的作用，从而使本酒楼、餐厅的菜品独具风味特色，吸引更多更广的顾客。

三、懂管理理念

作为一个爱岗敬业的名厨，不仅需要精通烹调业务技术，而且要具备现代餐饮业的管理知识。新世纪是知识经济的时代，科学技术也影响到餐饮业的发展与更新。

比如，掌握收银台的电脑控制点菜技术；现代餐器具的使用与维修；现代厨房的组合配置及物资能源的管理；采购与库房的管理；整个酒楼、餐厅毛利、纯利、收支的掌握；餐厅服务与厨师素质提高的管理。作为名厨一定要具备以上的综合管理素质，与餐饮主管密切配合，才能使整个酒楼、餐厅更健康地发展。

四、会当家理财

一个名厨除了精通业务外，还要懂管理、能经营，必须会为酒楼、餐厅精打细算。比如从增收节支、开源节流，以增加酒楼、餐厅利润为目的，增加新项目，开发新品种，利用节假日推销产品扩大销售量，达到增加酒楼、餐厅收入的目标。还要能制定出严密、完整的操作程序和成本控制措施，并加以监督执行，从而提高酒楼、餐厅盈利能力。

综上所述，敬业名厨是餐饮业发展的潜力和动力。因为餐厅、酒楼主要通过满足用餐者的各种需求创造更多收入，餐饮业的生产从食品原料的采购到验收储存、领用、粗加工、切配烹调到销售，整个过程业务环节多，任何一个环节出现差错都会影响产品质量，所有生意兴隆的酒楼、餐厅只有依靠经验丰富爱岗敬业的厨师，才能满足客人要求。

细节35：厨房设计，布局合理

餐厅厨房设计规范直接影响着整个餐厅的经营状况，而且卫生部门在检查审核时也是主要参考餐厅厨房的卫生状况，所以餐厅厨房设计规范能够让餐厅厨房更加实用、更加卫生。一般来说，餐厅厨房设计应满足如图5-3所示的3个条件。

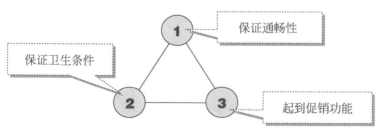

图5-3　厨房设计应满足的条件

一、保证通畅性

餐厅厨房是厨师和服务员来往的主要场地，也是工作流程中人员和货物最多的场所之一。从饮食原材料的购入到最终成盘入桌都在餐厅厨房完成，所以餐厅厨房设计规范必须注重通畅性，包括人员流通的顺畅性、物品搬运的通畅性。餐厅厨房设计规范标准要求厨房在设计之初就要考虑其人流量大的特点，所以将灶台和原料区分开，防止厨房工作人员之间的摩擦，保证整体效率，也为餐厅厨房能够卫生健康提供了必要的条件。

二、保证卫生条件

餐厅厨房作为直接与食物相接触的场所，其卫生条件不容忽视，无论是小型餐厅还是星级饭店对餐厅厨房设计规范的要求最基本的就是卫生条件。在餐厅厨房设计规范中规定将每一个区域进行划分，熟食区、炒菜区、选料区等每个区域完成一道工序，并且每一个区域由特定人员进行卫生处理，既保证餐厅厨房工作人员的卫生条件，也保证消费者的身体健康，更重要的是为餐厅赢得良好的口碑。

三、起到促销功能

餐厅厨房设计规范在干净卫生的基础上还能够起到促销的功能，特别是在西餐当中，如果将西餐厨房设计成一个与餐区相连通的场地，让顾客能够看到西餐的制作过程，不仅能够让顾客享受到西餐制作工艺的精湛，也让消费者对于餐厅的食品更加放心，从而为餐厅带来更高的人气。

> **小提示：**
>
> 合理的厨房布局应设置良好的排烟系统，确保空气流通、无闷热感觉，使厨师有一个舒适的工作环境。

细节 36：制定标准，统一生产

制定标准，可统一生产规格，保证产品的标准化和规格化。制定标准，可作为厨师生产制作的标准，也可作为管理者检查控制的依据。

一、制定原料采购标准

采购价格的高低直接影响餐饮的成本。应制定原料采购中食用价值、成熟度、卫生状况及新鲜度四项具体标准，凡原料食用价值不高、腐败变质、受过污染或本身带有病菌和毒素的原料就不能够购进，对形状、色泽、重量、质地、气味等方面不符合标准的原料，不予采购。

二、制定原料加工标准

原料加工好坏是保证菜肴质量的关键，如果原料在加工中无标准或不合格，无法保证菜肴质量，就会出"次品"。所以，制定每种干货或鲜货原料的加工标准，明确其加工时间、净料率、加工方法、质量指标等，这样不但保证菜肴质量，而且有利于成本控制。

三、制定原料切配标准

切配是菜品成本控制的核心，也是保证菜品质量的主要环节。无论是切还是配都应有一个严格的标准，如原料在切制时必须大小、粗细、厚薄一致，配菜时主料与配料的比例要量化，配置同一菜肴、同一价格、同一规格应始终如一，绝不能今天多、明天少，规格质量和样式风格都要保持其统一性。

店长要经常核实配料中是否执行了规格标准，是否使用了秤量、计数和计量等工具，这样才能保证餐饮的成本，并能维护顾客的利益。

四、制定菜肴烹调标准

烹调的出品质量不仅反映了厨房加工生产的合格程度，也关系到餐厅的销售形象。每个菜肴在烹调过程中所需的火候、加热时间、各种味型的投料比例及成菜后的色、香、味、形、器都应有标准，也就是人们常讲的"标准菜谱"。每一个菜都要注明所用的原料、制法、特点，包括用什么盛器装置，成菜后的式样、温度等都要写清楚，并附上照片，便于厨师进一步掌握。只要厨师按标准去操作，无论谁烹调其成品始终如一。

五、制定装盘卫生标准

每个菜品的装盘都应根据菜肴的形状、类别、色泽和数量等选择合适的器皿，如炒菜宜用平盘，汤羹类宜用汤盆，整条、整只菜肴宜用长盘，特殊菜肴宜用特制的火锅、汽锅、陶瓷罐及玻璃器皿等。为了使菜肴更加美观，增进食欲，可适当用瓜果、叶菜进行点缀和装饰。同时，还要注意菜品的盛装卫生标准，做到盛器无污垢、缺口、破损。

成品的装盘可以从操作规范、制作数量、出菜速度、成菜温度、剩余食品等方面加以监控。抓好工序检查、成品检查和全员检查等环节，使出品质量的控制真正落到实处，同时注重质量的反馈和顾客的评价，以便及时改进工作。

细节37：制作过程，加强控制

厨房的生产制作包括加工、配份和烹调这三个过程，店长应加强这三个过程的控制，以便更好地管理厨房。

一、加工过程的控制

加工过程包括了原料粗加工和细加工，粗加工是指原料的初步整理和洗涤，而细加工是指对原料的切制成形，在这个过程中应对加工净出率、加工质量和数量加以严格控制。

1.原料的净出率

原料的净出率即原料的利用率。加工过程的控制应规定各种净出率指标。

2.加工质量

加工质量直接关系到菜肴的色、香、味、形，因此要严格控制原料的成形规格以及原料的卫生安全标准，凡不符合要求的加工产品不能进入下道工序，可重新处理或另作别用。加工任务的分工要细，一方面利于分清责任，另一方面可以提高厨师的专项技术的熟练程度，有效地保证加工质量。

 小提示：

> 在加工过程中，应尽量使用机械切割，以保证成形规格的标准化。

3. 加工数量

加工数量应以销售预测为依据，以满足需要为前提，留有适量的储存周转量，避免加工过量而造成质量问题，并根据剩余量不断调整每次的加工量。

二、配份过程的控制

配份是根据菜品的质量和成本的要求，将各种加工成形的原料进行适当配制，烹制成完整的菜品或制作成可以直接食用的菜品的过程。配份过程的控制是食品成本控制的核心，也是保证成品质量的重要环节。配份过程的控制措施如图5-4所示。

 措施一　在配份中应使用称量、计数和计量等控制工具执行规格标准。通常的做法是每配两份到三份称量一次，如果配制的分量合格则可接着配，如果发觉配量不准，那么后续每份都要称量，直至确保合格了为止

措施二　凭单配发，配菜厨师只有接到餐厅客人的订单，或者规定的有关正式通知单才可配制，保证配制的每份菜肴都有凭据

措施三　要杜绝配制中的失误，如重复、遗漏、错配等

图5-4　配份过程的控制措施

三、烹调过程的控制

烹调过程是影响菜肴色泽、质地、口味、形态的关键因素，因此应从烹调厨师的操作规范、制作数量、出菜速度、剩余食品等4个方面加强监控。

1. 操作规范

必须监督炉灶厨师严格按操作规范工作，任何违规做法和影响菜肴质量的做法都应立即加以制止。

2. 制作数量

应严格控制每次烹调的生产量，这是保证菜肴质量的基本条件，少量多次地烹制应成为烹调控制的根本准则。

3.出菜速度

开餐时要对出菜的速度、菜品的温度、装量规格保持经常性的监督，禁止一切不合格的菜肴出品。

4.剩余食品

剩余食品在经营中被看作是一种浪费，如果被搭配到其他菜肴中，或制成另一种菜肴，质量必然降低，也无法把成本损失弥补回来，所以过量生产造成的剩余现象应当彻底消除。

细节38：出菜速度，积极改进

现在餐饮是微利时代，大型餐饮业都以客流量作为获取更多利润的手段，提高出品速度，缩短客人就餐时间，增加翻台率是菜品质量管理中要面临的问题。如图5-5所示的5个环节都是对提高出菜速度的改进措施。

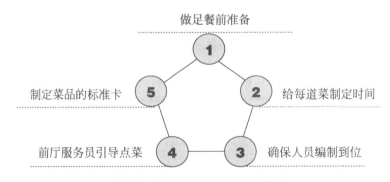

图5-5　提高上菜速度的改进措施

一、做足餐前准备

餐前准备要充足，必须在规定的时间内完成，这项工作尤为重要。每个岗位要根据菜品平常的销售情况做一个统计，然后做餐前粗加工、切配、半成品底货烹制的准备工作。拿到菜单后，配菜这个环节就省事多了，只需抓配即可，不需要现择现洗切，配菜上省了时间那整个出菜就会赢得时间。

比如，蔬菜择洗过后，按份分装起来冷藏保鲜；需要改刀工或上浆就根据相应的客流量以及菜品的销量而备料；冰鲜的原料，像鱿鱼须、虾仁等，治净之后要按照每份的用量分装起来，然后冷藏；再如梅菜扣肉、腊味合蒸、珍珠丸子等菜，可以提前加工成半成品，只需稍微加热即可出菜。

二、给每道菜制定时间

在菜谱上注明每道菜的出菜时间，就是从客人点菜到将点菜单传递给后厨，再到厨房加工制作出菜这一段所需要的时间。其目的是让客人了解每个菜从加工到出品的大体时间，客人可自己对出菜时间作一些把握，避免客人因为点了几个很复杂、很费事的菜品却迟迟上不了菜时不停催菜的尴尬局面

比如，有客人点了几个很复杂的菜品，那就需要准备一个小夹子，上面标有台位的编号，可分为绿色、黄色和红色3种颜色，绿色代表正常出菜速度，黄色代表快速出菜，红色则代表需要加速出菜，打荷的则会根据颜色安排出菜顺序。尤其在加菜时就需夹上醒目的红色，以加速出菜。

三、确保人员编制到位

厨房中人员编制是否恰当合理是出菜快慢的一个重要因素。各岗位应设置一位头脑灵活、业务精通的主管，在接下点菜单后能有条不紊地指挥工作，使后厨人员各司其职。配菜人员将小夹子随配好的菜一同交给荷台，荷台再根据点菜单及小夹子的颜色合理分配灶台。菜做好后小夹子夹在盘子边上，将菜端到传菜间，传菜间一看夹子就知道是哪一桌子的菜品，即使在很忙的情况下也不会因为同菜不同桌而出现错菜或漏菜的现象。

四、前厅服务员引导点菜

虽然菜谱上注明每个菜的出菜时间，有时客人还是会点一些很复杂的菜品，并因着急而频繁催菜，这会给客人留下不良印象，这时就需要服务员引导客人点菜，将容易出的菜与慢菜尽量搭配的平衡一些，使等待时间趋于合理。有时备好的原料未能及时卖掉，也需要后厨与前厅及时沟通，让前厅服务员重点推销，而且因为是提前预制的菜，只要推销出去，出菜速度自然很快。

五、制定菜品的标准卡

每一个菜单标准卡上都有制作的规定时间限制，此时间是从落单到刷单的时

间差，因此每条生产线必须按规定的时间内完成操作，否则会受到制度的处罚。

　　每一个标准菜卡都附上这个菜肴的照片和文字，张贴在厨房的墙面上，让各岗位的厨师都可以熟悉自己所生产的产品，并默记下来，工作起来不会出现差错，因为出现差错任何人都可以对照标准菜卡进行互相指正，从而保障菜肴出品的稳定性。

餐饮店长怎样*带队伍*

——店长管理的100个小细节

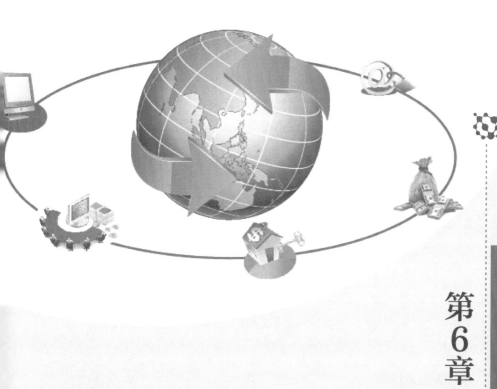

第6章 菜品管理

 导言

厨房的出品质量，是整个餐厅赖以生存的基础。可以这样说，菜品质量就是餐饮企业的生命线。因此，店长应做好菜品管理。

细节39：菜品开发，力求创新

菜品的创新是餐饮行业永恒发展的灵魂，是对外经营的优势，也是广大消费者内在的需求。新菜品在某一个方面考虑不周全，都会带来菜品的质量问题。新菜品的开发步骤如图6-1所示。

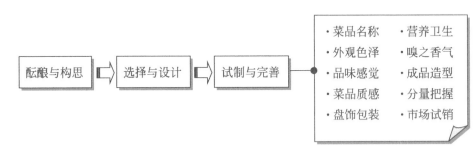

图6-1 新菜品的开发步骤

一、酝酿与构思

所有的新菜品的产生都是通过酝酿与构想创意而开始的，新创意主要来源于广大顾客需求和烹饪技术的不断积累。

二、选择与设计

在选择与设计创新菜点时，首先考虑的是选择什么样的突破口。

举例如下。

——原料要求如何？

——准备调制什么味型？

——使用什么烹调方法？

——运用什么面团品种？

——配置何种馅心？

——造型的风格特色怎样？

——器具、装盘有哪些要求等。

为了便于资料归档，餐饮企业店长要提供详细的创新菜点备案资料。

三、试制与完善

菜品的开发是在不断的试制过程中达到完善的，开发的菜品应从以下10个方面来完善。

1.菜点名称

菜名既能反映菜品特点，又具有某种意义。创新菜点命名的总体要求是：名实相符、便于记忆、启发联想、促进传播。

2.营养卫生

做到食物原料之间的合理搭配，菜点的营养构成比例要合理。在加工和成菜中始终要保持清洁卫生，包括原料处理是否干净、盛菜器皿和菜点是否卫生等。

3.外观色泽

菜点色泽是否悦目、和谐，是菜点成功与否的一项重要评判依据。外观色泽是指创新菜点显示的颜色和光泽，它包括自然色、配色、汤色、原料色等。

4.嗅之香气

创新菜点对香气的要求不能忽视，嗅觉所感受的气味，会影响顾客的饮食心理和食欲。因此，嗅之香气是辨别食物、认识食物的又一主观条件。

5.品味感觉

味感是指菜点所显示的滋味，包括菜点原料味、芡汁味、佐料味等，它是评判菜点最重要的一项。味道的好坏，是顾客评价创新菜点的最重要的标准。

6.成品造型

菜点的造型要求形象优美自然，选料讲究，主辅料配比合理，特殊装饰品要与菜品协调一致，并符合卫生要求，装饰时生、熟要分开，其汁水不能影响主菜。

7.菜品质感

从食品原料、加工、熟制等全过程中精心安排，合理操作，并要具备一定的制作技艺，才能达到预期的目的和要求。

8.分量把握

菜点制成后，看一看菜点原料构成的数量，包括菜点主配料的搭配比例与数量、料头与芡汁的多寡等。原料过多，整个盘面臃肿、不清爽；原料不足或个数较少，整个盘面显得干瘪，有欺骗顾客之嫌。

9.盘饰包装

要对创新菜点进行必要、简单明了、恰如其分的装饰。装饰要求寓意内容优美健康，盘饰与造型协调，富有美感，不能过分装饰、以副压主、本末倒置。

10.市场试销

通过餐厅的试销得到反馈信息，供制作者参考、分析和不断完善。赞扬固然可以增强管理者与制作者的信心，但批评能帮助制作者做得更好。

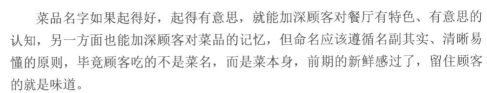

细节40：菜品命名，清晰易懂

菜品名字如果起得好，起得有意思，就能加深顾客对餐厅有特色、有意思的认知，另一方面也能加深顾客对菜品的记忆，但命名应该遵循名副其实、清晰易懂的原则，毕竟顾客吃的不是菜名，而是菜本身，前期的新鲜感过了，留住顾客的就是味道。

常用的命名方法有以下10种。

（1）在主料前冠以调味方法。在主料前冠以调味方法命名是一种常见的命名方法，其特点是从菜名可反映其主料的口味、调味的方法，从而了解菜肴的口味特点。

比如，"糖醋排骨""咖喱牛肉"等。

（2）在主料前冠以烹调方法。这是一种较为普遍的命名方法，菜肴用这种方法命名，可使人们较容易地了解菜肴的全貌和特点，菜名中既反映了构成菜肴的主料，又反映了烹调方法。

比如，"扒海参"，主料是海参，烹调方法是扒；又如"红烧大裙翅"，主料是裙翅，使用红烧方法烹制。

（3）在主料前冠以主要调味品名称。

比如，"蚝油鸭脚"，就是在主料"鸭脚"前冠以主要调味品"蚝油"而构成菜名。

（4）在主料和主要调味品间标出烹调方法。

比如，"果汁煎鸽脯""豉汁排骨"等。

（5）在主料前冠以人名、地名。

比如，"东坡肉"是在主料前冠以人名组成菜名；"北京烤鸭"则是在主料前冠以地名。

（6）在主料前冠以色、香、味、形、质地等特色。

比如，"五彩蛇丝"在主料蛇丝前冠以颜色特色"五彩"；"五香肚"反映菜肴香的特色；"麻辣鸡"反映味的特色；"松子鱼"反映形的特色。

（7）以主辅料配合命名。

比如，"尖椒牛肉"，主料为牛肉，辅料为尖椒；又如"芥菜胆莲黄鸭"，鸭为主料，芥菜胆、莲子、蛋黄均为辅料；此外"圆葱板鱼""辣子鸡"等也都用此法命名。

（8）主辅料之间标出烹调方法。实际上许多的菜肴都用这种方法命名，从菜名可直接了解主辅料和所使用的烹调方法。

比如，"鳖肚烩鹿脯"从菜名中可知，鹿脯为主料，鳖鱼肚为辅料，烹调方法是烩。

（9）在主料前冠以烹制器皿的名称。

如"瓦鸡"，主料为鸡，用瓦烹制。

（10）以形象寓意命名。

如"虎穴藏龙""桃花泛""雪里埋炭""凤凰串牡丹"等皆以形象寓意命名。

细节41：菜品定价，科学合理

菜品定价，是餐厅参与市场竞争的赚钱手段，也是市场接受餐厅的工具，但这个赚钱手段和工具运用得好不好，关键是找到一个制定价格最佳的点。科学的定价有利于菜品的销售、降低原料存储成本、增加餐厅的营业收入和利润。

一、菜品定价应考虑的因素

店长在给菜品定价时要考虑材料成本、人员费用、场地租金等直接成本，此外，定价时也不能忽略相邻餐厅的竞争和顾客心理等因素。

1.相邻餐厅的竞争

一家餐厅的最大竞争者就是与其相邻的餐厅，特别是同类型餐厅。

比如，经营者开的是一家湘菜馆，而附近也有三四家湘菜馆，那么经营者一定要了解其他湘菜馆的菜单，了解他们的热销菜品种类及其定价。经营者可以采用创新菜品或者是以为某个菜品设置低价的方式切入市场，以此来吸引更多的顾客。

2.把握顾客心理

经营者要根据自己餐厅的主要顾客群来制定菜品的价格，如果餐厅开在高档商业区，那么顾客一般是不会太计较价格，而更为看重菜品质量；如果餐厅开在学校附近，则要以价格实惠来吸引顾客。合理利用尾数定价策略可以增强顾客的消费欲望。如同样一盘菜，定价18.8元与20元，其实只相差了1.2元，但是可能18.8元的定价会增加更多销量。

二、定价的策略

有一些定价技巧可以帮助经营者在定价过程中于成本、利润与经营理念上取得平衡，同时使确定的定价不至于太高，致使竞争者有机可乘，也不会因售价太低而使经营者利润微薄。

一般餐厅采用的定价策略有以下3种。

1.合理价位

合理即指在餐厅有利润的前提下，以餐饮成本为基数，通过计算制定出来的价格。比如，菜品成本比例为46%，即菜品的成本约占定价的46%。

2.高价位

有些餐厅菜单的价格定得比合理价位高出许多，但是使用高价位策略的餐厅需要满足如图6-2所示的条件。

产品独特，附近没有同类竞争对手

餐厅本身知名度高、信誉卓著，主要顾客是高端消费者，出入餐厅可以体现顾客的身份地位

图6-2　使用高价位策略应满足的条件

3.低价位

如果店里推出了新菜品或是有某种食材大量堆积，为了促销新产品或为了出清存货、求现周转，经营者可以把菜单价格定在成本价或比成本略低的价格，这样可以实现薄利多销。

🔍 **小提示：**

在执行高价位策略时，需配合高品质的产品及完善的服务等，这样顾客才能接受。

细节42：菜单设计，赏心悦目

菜单设计是一个复杂细致的工作过程，它不仅要求设计者应充分重视和反复权衡各方面的有利条件和不利因素，更要求设计者有明确的设计目的和要求。一份科学合理的菜单在设计时要注意以下问题。

一、菜单的制作材料

菜单的制作材料好不仅能很好地反映菜单的外观质量，同时也能给顾客留下较好的第一印象。因此，在菜单选材时，既要考虑餐厅的类型与规格，也要顾及制作成本，根据菜单的使用方式合理选择制作材料。

一般来说，长期重复使用的菜单，要选择经久耐磨又不易沾染油污的重磅涂膜纸张；分页菜单，往往是由一个厚实耐磨的封面加上纸质稍逊的活页内芯组成；而一次性使用的菜单，一般不考虑其耐磨、耐污性能，但这并不意味着可以粗制滥造，许多高规格的宴会菜单，虽然只使用一次，但仍然要求选材精良、设计优美，以此来充分体现宴会服务规格和餐厅档次。

二、菜单封面与封底设计

菜单的封面与封底是菜单的"门面"，其设计如何在整体上影响菜单的效果，所以在设计封底与封面时要注意如图6-3所示的4项要求。

要求一	菜单的封面代表着餐厅的形象，因此，菜单必须反映出餐厅的经营特色、餐厅的风格和餐厅的等级等特点
要求二	菜单封面的颜色应与餐厅内部环境的颜色相协调，使餐厅内部环境的色调更加和谐，这样，当顾客在餐厅点菜时，菜单可以作为餐厅的点缀品
要求三	餐厅的名称一定要设计在菜单的封面上，并且要有特色，笔画要简单，容易读、容易记忆，这一方面可以增加餐厅的知名度，另一方面又可以树立餐厅的形象
要求四	菜单的封底应当印有餐厅的地址、电话号码、营业时间及其他的营业信息等，这样，就可以借此机会向顾客进行推销

图6-3　菜单封面封底设计的要求

三、菜单的文字设计

菜单作为餐厅与顾客沟通交流的桥梁，其信息主要是通过文字向顾客传递的，所以文字的设计相当重要。

一般情况下，好的菜单文字介绍应该做到描述详尽，起到促销的作用，而不能只是列出菜肴的名称和价格。如果把菜单与杂志广告相比，其文字撰写的耗时费神程度，并不亚于设计一份精彩的广告词。菜单文字部分的设计主要包括食品名称、描述性介绍、餐厅声誉的宣传（包括优质服务、烹调技术等）等三方面的内容。

此外，菜单文字字体的选择也很重要，菜单上的菜名一般用楷体书写，以阿拉伯数字排列、编号和标明价格。字体的印刷要端正，使顾客在餐厅的光线下很容易看清楚。

除非特殊要求，菜单要避免用外文来表示菜品，即使用外文也要根据标准词典的拼写法统一规范，符合文法，防止差错。

当然，菜单的标题和菜肴的说明可用不同型号的字体，以示区别。

四、菜单的插图与色彩运用

为了增强菜单的艺术性和吸引力，往往会在封面和内页使用一些插图。使用图案时，一定要注意其色彩必须与餐厅的整体环境相协调。

菜单中常见的插图主要有菜点的图案、中国名胜古迹、餐厅外貌、本店名菜、重要人物在餐厅就餐的图片。除此之外，几何图案、抽象图案等也经常作为插图使用，但这些图案要与经营特色相对应。

此外，色彩的运用也很重要。赏心悦目的色彩能使菜单显得有吸引力，更好地介绍重点菜肴，同时也能反映出一家餐厅的风格和情调。色彩能够对人的心理产生不同的反映，能体现出不同的暗示特征，因此选择色彩一定要注意餐厅的性质和顾客的类型。

五、菜单的规格和篇幅

菜单的规格应与餐饮内容、餐厅的类型与面积、餐桌的大小和座位空间等因素相协调，使顾客拿起来舒适，阅读时方便，因此菜单的开本和选择要慎重。在篇幅上应保持一定的空白，通常文字占总篇幅的面积不能超过50%。

六、菜单的照片和图形

为了增加菜单的营销功能，许多餐厅都会把特色菜肴的实物照片印在菜单上，能为菜单增加色彩，增加其美观度，从而加快顾客订菜的速度。但是在使用照片或图片时一定要注意照片或图片的拍摄和印刷质量，否则达不到其预期效果。

此外，许多菜单上的彩色照片还存在着没有对号入座的毛病，即没有将彩色照片、菜品名、价格及文字介绍列在一起。解决这一毛病的最简单的办法就是用黑色线条将其框起来，或用小块彩色面使其突显出来。

> **小提示：**
>
> 要避免在菜单上使用现金符号，因为这会提醒顾客，他们正在花钱。如果给顾客一个不带现金符号的菜单，他们会点更多的东西。即便是不使用数字，写成"十块钱"这种形式，仍会触发消费者不情愿花钱的情绪。

细节43：菜品特色，打造卖点

现在顾客对饮食的要求越来越高，不仅要求吃饱，更要吃得好，比如一进店就会问：你们家有什么特色菜没有。不少餐厅绞尽脑汁也没想出来自己最大的特色到底是什么，因此，餐饮企业最好做出一些特色菜品来当作卖点。

一、以造型为特色

人们在品尝菜品时，形象总是先声夺人。菜品色彩斑斓、视觉形象美，可使食者舌底生津，增加味觉感受；同样，味觉感受好，反过来更深化食者的审美感受。由此可见，造型在菜品中有着重要地位。

比如，曾经风靡大江南北的"跳钢管舞的鸡"就是一家名为"朋友圈"餐厅的创新特色菜品。一只烤鸡配上酱料，再普通不过了，只是把菜品的造型改变了一下，便成为了高点单率的特色菜品。

二、以食材的独特搭配为特色

以食材的独特搭配为特色，从某种程度上说就是菜品的创新。两样普通的食材搭配在一起就产生奇妙的化学反应，当然，这需要菜品的开发者反复的研究与测试。

比如，在57度湘餐厅中有一道叫"飞鱼籽蒸蛋"的菜品。这道菜品的独特之处在于鸡蛋里面加上了跳跳糖，让顾客吃在口中有一种意外惊喜的感觉，特别受女性顾客欢迎。

三、以季节性菜单为特色

餐饮行业是一个受季节影响较大的行业，所以要抓住季节因素及时推出应季产品。商家应该根据季节变化变换菜品种类，就如星巴克开发的季节性菜单，夏季推出冰咖啡，冬季则提供热饮。

不仅如此，餐饮企业还应推出"今日菜谱"，并且不断变换，通过"今日菜谱"介绍新菜品，使消费者不断有新鲜感。

四、以系列化菜品为特色

有了代表性菜品，餐饮企业只是有了形象产品，但这还不够，还需要拥有跑量的产品。比如开发出铁板系列，就会衍生出铁板鱿鱼、铁板豆腐、铁板牛肉等多种菜品。

五、以药理养生为特色

阳春三月，莺鸣燕啼，时令菜纷纷登场，而通过吃时令菜来养生是健康饮食的一个很重要的组成部分。餐饮企业如果打造这样的药理养生的理念，可以吸引更多顾客的注意。

 小提示：

打造特色菜，不要流于形式，不要为了特色而搞怪，一定要让顾客接受并且喜欢点单才是正道。

如何打造菜品特色

1.一材多味调众口

很多餐厅，一种食材只能做一到两种口味，尤其是主打产品可能就只有一种口味。而作为一个细分品类餐厅，不仅要把单品做到极致，还要在口味上多样化，这样既能满足不同顾客的需求，也能强化餐厅的品类品牌。

成立于2013年的探鱼，主经营炭火烤鱼，麻辣味、黑椒蚝油味、咖喱味、鸡汁杏鲍菇味、香辣味、酱香味、泡椒味、酸菜味、剁椒味、骨汤原味、鲜香味、鲜椒味……22道做法，味味不同，硬是把顾客眼里最单一的食材，变着花样来做。当顾客想吃烤鱼的时候，就会想起探鱼，而不用纠结去哪家吃哪种口味的烤鱼了，因为探鱼这里都全了，而餐厅也不用再担心众口难调了。

2.食材稳定有讲究

很多时候回头客之所以能够成为回头客，就是因为这家餐厅为这些顾客提供了稳定而又优于其他餐厅的产品。

上海"妈妈家餐厅"营业面积150平方米，每逢节假日，下午四点半到七点半便能翻台3次，日营业额一万六以上，毛利63%左右，而且到这就餐的很多都是回头客。如此成绩斐然很大一部分原因是得益于出色的菜品设计。

"妈妈家"的主打菜品食材讲究、"记忆点"突出。比如老上海油爆虾，售价是88元，其记忆点是：不论什么季节，都保证虾的个头在65～70个/斤。在"妈妈家"这种定位的小店，一年到头能吃到这么大的河虾，客人就特别容易记得住。

3.创意取名好卖菜

Iphone6手撕鸡、顺溜鸡、非诚勿扰、来自火星的蛙……诸如此类的菜品名字，想必你没有去吃过都能记得住吧。

2015年春季，望湘园通过网络征名的方式，集思广益，为菜品征集到了诸如"茄把青春留""猪栗，Yeah！""鱿鱿切客闹"等一系列脑洞大开、创意连连的菜名。

新品正式面世后，"鱿鱿切客闹"在望湘园北京永旺店创造了单日259份、感恩点心"不忘初心"望湘园正大店单日159份、"虾皇的世界柠不懂"北京龙德广场店单日112份、"你嘴鱿才"北京龙德单日103份的历史新高。

所以，给菜肴增加记忆的第一个方法就是：给菜品起一个创意的名字，不仅能提升菜品在消费者心中的印象，还能够提高点单率。

4.覆造型看颜值

菜品的摆盘和盘饰越漂亮好看,那么在朋友圈出现的频率也就越高。同样的一道菜,不同的造型可给客人完全不一样的视觉感受。

在一尊黄牛,有一道牛肉刺身叫西冷云天,点击率高达70%,为什么这么受欢迎呢?跟它的造型有很大关系。

精致的红色寿司盒,上面铺了一层厚厚的白色碎冰,冰山是一圈一圈摆放整齐、薄如蝉翼的牛肉片,像一朵盛开的牡丹花。牛肉片旁边有一个晶莹别透的天鹅冰雕,冰雕旁边还插着鲜花枝和满天星。

服务员把它放好后,关灯,然后往这道菜的中心倒进一些开水,瞬间这道菜便烟雾缭绕,用顾客的话叫"仙气十足"。

由此可见,消费者也是视觉系的,对于司空见惯的菜品,谁的造型更胜一筹谁就能让人眼前一亮。

5.互动吸睛有亮点

相信在很多餐厅,都是顾客点餐,服务员上菜的传统服务方式,而这样普遍的方式也让消费者在用餐过程中感受不到差异化,对餐厅自然也就鲜有深刻印象。但是如果稍微改变一下服务方式,或许就能收到不一样的效果。

那么怎样让顾客吃得有情调、有记忆、有回忆?西山温泉厨师长就把磨豆腐的老工艺引入了餐厅。

在民俗格调的环境里,厨师现场为顾客磨豆腐,顾客既可以看到食材加工制作现场,也能够感受到这一传统工艺的魅力,并亲身参与到磨豆腐制作中感受这一乐趣。现场专门配备的"豆腐歌",更是渲染了欢快的氛围。

通过现场制作以及让顾客参与其中,顾客便通过亲身体验加深了对餐厅这一特殊服务的印象,对餐厅的好感也会增几分。

6.三分菜品七分容器

少了餐具,哪来成盘!如果说菜品是餐厅的灵魂,装修是门面,那么餐厅的餐具绝对是点睛之笔。

在讲究颜值的今天,尤其是面对爱美的人士,餐厅要让食物展现出优美的视觉形态,让消费者一看就先喜欢上,精美而有特色的餐具绝对是餐厅的必杀技之一。

葫芦鸡,是西安的传统名菜,很多酒店、餐馆有卖。西安一家酒店别出心裁,用专门定制的葫芦器皿盛放,一下成为话题,尤其是当地人请外地朋友必来这家,仿佛这家才是最正宗的。

7.上菜方式的仪式感

上菜是餐饮服务中的重要环节，独特的上菜方式不仅提升了菜品的价值，还能让顾客眼前一亮，一下子吸引顾客的眼球。

吃火锅，一般都是服务员把菜装盘直接端上桌，由顾客自己涮，而井格火锅却采用了敲锣抬大轿的上菜方式，尤其是当英雄套餐轿子在"火锅英雄驾到"的敲锣声中迈向你的桌子，回头率几乎100%，你所在的桌位绝对是焦点，满满的仪式感。

巧妙包装营销，将普通的涮火锅变为餐桌上的一项仪式，打造出一道口口相传的明星菜。

细节44：菜品盛器，选择恰当

好的菜品也一定要有好的包装，菜品的包装当然指的就是菜品的盛器。中小餐饮企业虽然不必像高档次的大酒店那样讲究盛器的精致，但是绝不能马虎随便。怎样去选用一个能表达出菜点的色、香、味、形、意的盛器，则要根据一些美学的原理与盛器本身的特性来决定。选用盛器必须遵循如图6-4所示的原则。

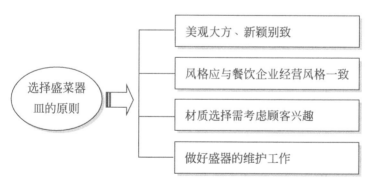

图6-4　选择盛菜器皿的原则

一、美观大方、新颖别致

在选择盛器造型时，一定要考虑菜点的种类以及宴席的主题。

比如，在大年三十的团年筵席上，将清蒸斑鱼盛放在造型为鱼的象形碟里，就使鱼这道菜的主题更加鲜明，使年年有余的象征意义更加明朗，使食客吃得更加开心。造型还可以别出心裁，给顾客以新颖和新奇的感觉。

二、风格应与餐饮企业经营风格一致

选择色泽、款式、造型与餐饮企业的经营风格一致的盛器。

（1）如果经营风格是带有乡土气息的，就不宜用细瓷餐具，不妨试试粗瓷大碗。

（2）如果经营风格是西洋特色，最好就寻找与这种西餐色彩相配的盛器。

三、材质选择需考虑顾客兴趣

选择盛器的材质，应考虑顾客的兴趣爱好，甚至他们的年龄、身份和地位等。

（1）如果顾客喜欢讲排场而又舍得消费且有一定消费能力的，可以选用金器银器，以迎合他们喜欢显示其富有和气派的需要。

（2）如果顾客具有一定的文化水平且兴趣高雅的，则可选用精致的瓷器或玉器、紫砂漆器，以适应他们的精神需要。

（3）若是在情人节，就可选用光芒闪烁的玻璃器皿，为情侣们增添爱的热烈和浪漫。

四、做好盛器的维护工作

选择了好的盛器，很重要的就是维护。对洗碗工、服务员和对厨房要有严格的管理，要建立起完善的奖惩制度，尽量减少清洁过程、收拾过程、烹饪过程中造成的人为的破损。一有破损，就要毫不吝惜地舍弃。

> **小提示：**
>
> 在购置盛器的时候，要适当多购置一点，以作不时补充之用，免致无以补充而另购不同盛器呈现出杂七杂八的现象。

细节45：菜品制作，保质保量

对于餐饮企业而言，控制好菜品的质与量是维护其口碑的关键。餐饮企业店长如何才能做好菜品质与量的管理呢？可通过以下两个方面着手。

一、不要用变质原材料

利用变质的原料不仅会影响食品卫生，而且也是违法的，因为变质食品顾客吃了不出事可能会蒙混过关，但是如果万一出事了呢？吃拉肚子或吃出其他毛病时，轻则赔医药费惹麻烦，重则被告到执法部门，不但要赔医药费，还可能要被重罚。如果被责令停业整顿，那么，上述损失就会比丢掉那些变质原料所造成的损失大得多。

二、控制好菜品分量

有些中小型餐饮企业依仗着自己的招牌菜做得好，受顾客欢迎，就片面地认为可以在分量上适当减少，或把价格提高（价格提高客观上也就反衬出分量的少），从而犯了欺客的毛病。

细节46：菜中异物，严格控制

客人在进餐时，偶尔会在菜品中发现异物，这属于严重的菜点质量问题。菜肴中异物的混入往往给就餐的客人带来极大的不满，甚至会向餐厅提出强烈的投诉，如果处理不当，就会严重影响门店的形象和声誉。

常见的异物主要有以下9种。

（1）金属类异物：清洁丝、螺丝钉、书钉等。

（2）头发、纸屑、烟蒂等。

（3）头发、动物毛。

（4）布条、线头、胶布、创可贴。

（5）杂草、木屑、竹刷棍等。

（6）碎玻璃渣、瓷片。

（7）骨头渣、鱼骨刺、鱼鳞。

（8）砂粒、石渣、泥土等。

（9）小型动物：苍蝇、蚊虫、飞虫、蜘蛛等。

菜品中混入杂物、异物，会造成菜品被有害物质污染。尽管有的异物可能不等于有害细菌，但给客人的感觉是反感的；有些异物在进餐中如果不小心的话，可能会给客人造成直接肉体伤害，如碎玻璃渣、钢丝等。因此，餐饮企业店长应采取如图6-5所示的有效控制措施，避免菜品中混入杂物、异物。

图6-5　控制菜品中混入杂物、异物的措施

一、提高全体人员卫生质量意识

提高全体人员卫生质量意识，是指强化菜品加工人员、传菜人员、服务人员（分餐人员）的个人卫生的管理，具体措施如下。

（1）所有与菜品接触的员工必须留短发，男员工不许留胡子。

（2）采取厨房员工上班必须戴帽子、服务人员喷发胶等预防措施，避免头发落入菜中。严格执行作业时的操作规程和卫生标准。

（3）原料初加工的过程，必须将杂物剔除干净，尤其是蔬菜类的拣选加工。

（4）切割好的原料放置在专用盒中，并加盖防护，避免落入异物。

（5）抹布的使用要特别注意，避免线头等混入菜料中。

（6）传菜过程中必须加盖。

（7）使用清洁丝洗涤器皿时，一定要认真仔细，避免有断下的钢丝混入菜中。

（8）后勤人员保养维护烹饪设备时要严禁将螺丝钉、电线头、玻璃碴等乱扔乱放。

二、加强对厨房、餐厅废弃物的管理

加强对厨房、餐厅内废弃物的管理，严禁员工随地乱扔、乱放、乱丢废弃不使用的零散物品、下脚料及废弃物等，也是防止异物、杂物混入菜品的卫生管理的重要内容之一。具体措施如下。

（1）所有废弃物必须使用专门设备存放，并且要加盖防护。

（2）有专人按时对垃圾桶进行清理。

（3）餐厅内应设专门的隐藏式废弃物桶，严禁服务人员将废纸巾、牙签、烟头等乱扔乱倒，尤其要禁止将餐厅内的废物与餐饮具混放在一起。

三、加强对菜品卫生质量的监督检查

平常菜品中的异物都是由于对菜品的加工、传递过程中缺少严格的监督与检查造成的。因此必须加强各个环节对菜品卫生质量的监督与检查，具体措施如下。

（1）建立专门的质检部门，并设专职的菜品卫生质量检查员。

（2）初加工、切配、打荷、烹制、划菜、传菜、上菜、分餐等环节的岗位员工，必须对原料或菜品成品认真检查，杜绝一切可能混入菜品中的杂物。

（3）每下一工序或环节对上一工序或环节的卫生质量进行监督，发现卫生问题，立即退回重新加工处理。

（4）实行卫生质量经济责任制，对菜品中发现的异物、杂物的混入事件进行严肃处理与处罚，以引起全体员工的重视。

细节47：菜品调整，防止堵车

餐厅里日常销售的菜品一般都控制在百款左右，在就餐的高峰，即使炒锅师傅连轴转，也很难说不会造成菜品"塞车"的现象，店长通过调整菜品结构可以预防这一现象发生。

一、现炒热菜占总菜量的30%

要想解决厨房人手短缺的问题，最重要的还是要在菜品设计上下功夫。冷菜、面点两块是比较好控制的，因为很多冷菜和面点都可以大批量提前制作，所以在人手问题上是比较容易解决的。热菜是最麻烦的，因为所有的菜品都要在灶台上烹调而成，"塞车"是再正常不过的事情了。为了解决这个问题，除了要对很多菜品进行提前预制外，还应在菜单设计上下点工夫。

比如，餐厅整体菜品结构可以设计成：冷菜占菜品总数的15%；面点占10%；蒸菜占35%；灶台现烹菜占30%；汤羹占10%。从这个比例中，不难看出蒸菜的总体数量是非常多的，之所以这样做，主要是考虑到两个方面的原因：一是蒸菜制作比较简单，对于厨师的技术要求相对较低，而且一两个厨师就完全可以搞定所有的蒸菜制作；二是一个大的蒸箱，同时可以烹调很多菜品，符合快速上菜的要求。再就是要严格控制现烹品的数量，如果现场烹调的菜品数量设计的太多，那么肯定会加大炒锅师傅的工作量。菜品是需要一份一份炒的，好的炒锅师傅现在又比较紧缺，所以这部分菜品设置得不能太多。

二、现烹菜加热时间不超5分钟

在菜品设置方面最好是将每款现烹菜品时间控制在5分钟以内，从而加快上菜的速度。为了做到这点，可以对现有菜品进行梳理，能够提前大批量制作的，一定要提前加工，使菜品后期的烹调时间控制在规定的时间以内。而对于那些不能在5分钟之内完成的菜品，可以直接放弃。

三、给食客推荐套餐

现在，餐厅一般都准备两种菜谱，一种是正常的菜谱，另一种是套餐菜谱。在点菜时，如果客人没有特定的需求，应要求服务员尽量请客人选择提前设定好的套餐菜肴，这样就可以提前准备，缩短烹调时间。

四、预制有技巧，菜品套着做

提前预制菜品已经是很多餐厅都在使用的方法了，但是如何更高效地管理好这项工作呢？一种方法，那就是菜品的主料和辅料分别预制，然后再套着制作菜肴。

比如，制作牛腩菜，餐厅销售的牛腩菜品种非常多样，如番茄炖牛腩、萝卜煮牛腩等。这时就应该将厨房内所需的牛腩一起提前预制好，然后分给负责制作菜品的厨师，当客人点菜时，再加入辅料一起烹调即可。当然辅料也是可以采用这种方法加工的，比如可以提前焖制好萝卜，点萝卜煮牛腩时，就将萝卜和牛腩放在一起片刻加热，如果制作萝卜煲，就把萝卜和筒子骨一起加热，这样就把复杂的菜品简单化了。

餐饮店长怎样 **带队伍** ——店长管理的100个小细节

第7章 采购管理

餐饮店长怎样 *带队伍*——店长管理的100个小细节

导言

　　餐饮业在保证服务质量的前提下,加强采购管理,有利于降低餐饮原料成本,是提高产品质量,获得丰厚利润的重要环节。

细节48：供应商家，选择评估

食材选择控制着餐饮企业的命脉，稍不注意，就会给餐厅带来不可预估的损失。所以，餐饮食材供应商的选择，就尤为重要了。

一、选择供应商的标准

餐饮企业选择的食材供应商应符合如图7-1所示的标准。

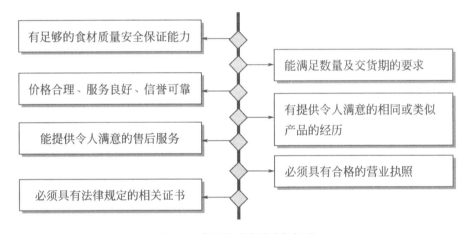

图7-1 食材供应商的选择标准

二、供应商资格评估

对供应商资格的评估有书面评估、样品评估、实地考察等方式。

1.书面评估

供应商向餐饮企业提供相关的资格证书原件和复印件、产品说明书或样品及企业情况介绍，经餐饮企业评估合格后，通过电话或网络等形式通知各餐厅，由各餐厅对供应商进行评估确认。

2.样品评估

必要时，各餐厅根据需要对资格评估合格的供应商提供的产品和服务进行试用。试用阶段主要检验其货品质量是否稳定、货品是否适销对路、送货是否及时、价格是否合理、货品和服务与其他供应商相比是否较好等。

3.实地考察

必要时，餐饮企业和采购人员可根据实际情况或各餐厅要求，到供应商所在地进行实地考察。

三、确认供应商

采购部通过相关餐厅的试用情况，配合营销部对供应商进行评价，经餐饮企业确认后，将合格的供应商纳入餐饮企业合格供方名录，并及时把"合格供应商名录"（见表7-1）下发到各餐厅，作为其选用、采购食材的依据。

表7-1　合格供应商目录

序号	供应商名称	产品类型	联系方式	登记人及日期	审批人及日期

对于餐厅在日常合作过程中产生异议的供应商，采购部应重新对其产品质量、产品交付的服务及支持能力等进行评估，确定为不合格的供应商应从"合格供应商名录"中除名，并重新选择供应商。

一旦确认了供应商，采购人员就可以与其签订采购合同。在与供应商签订协议或合同时，应在协议或合同中提出原料的安全性保证及运输过程的安全可靠性等相关要求，以保证原料的卫生、安全。

 相关链接

如何找到最佳供应商

供应商的好坏，直接影响到商品的品质、价格和周边服务的提供，因此必须慎重选择供应商。

1.供应商的地点

地点关系着运送的效率，以免缓不济急或是因长途运输影响食品鲜度。如果选择本地厂商或是社区内的厂商，更可以回馈乡里，维持良好的公共关系。

2.供应商的设备

健全的设备不但能确保食物的品质，也降低运送过程中引起的困难。

3.供应商的专业知识

专业知识的提供也是一种无形的服务，可确保采购行为的正确。

4.供应商的财务状况

事先调查供应商的财务背景、进出货资料、来往客户等，免得上当受骗，血本无归。

5.供应商的诚信原则

本着诚实、互惠的原则做生意，才是值得往来的供应商。调查供应商的信誉、口碑实属必要。

细节49：采购人员，素质优先

餐饮采购员的采购工作直接影响到餐厅的正常运行和菜品的质量保证，看似简单的工作却有很多的注意事项，所以餐饮采购员的岗位要求和职位素质一定要过关。

一、采购员扮演的角色

在一般人看来，采购员的工作简单而易操作，似乎谁都可以承担这一工作，实际上，采购员在采购过程中，还承担着更为重要的工作，扮演着多种重要角色，具体如图7-2所示。

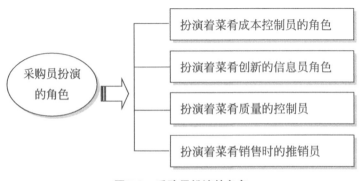

图7-2　采购员扮演的角色

1.扮演着菜肴成本控制员的角色

餐饮产品成本的构成主要包括原材料成本和调料的成本，原材料的成本是产品成本的主要组成部分，而决定原料成本的关键就是原材料的采购价格。餐饮产品原材料由于其鲜活、含水分高低取决于采购人员对原料价格的把握，采购价格的高低将直接影响到菜肴的成本。从这一意义上讲，采购员是菜肴成本的控制员。

2.扮演着菜肴创新的信息员角色

菜肴创新是当今许多餐饮部门最为关心的事情，如何创新、怎样创新不仅取决于厨师能力和水平，还取决于采购员对采购信息的把握。餐饮采购员由于经常进出于一些原料供应市场及特殊原料的产地，对各地烹饪原料的市场供给情况非常熟悉。采购人员将各种原料的供给及变化的信息，及时地反馈给厨师长，对厨师菜肴的创新提供了许多新的信息。

3.扮演着菜肴质量的控制员

俗话说得好："巧妇难做无米之炊"。采购人员所采购原料品质的好坏将直接影响菜肴的质量。作为烹饪原料，由于其产地的不同、季节的差异、野生还是圈养等品质差异很大，如果从原料的采购就把好了质量关，就能确保厨师生产加工菜点的质量。

4.扮演着菜肴销售时的推销员

现在的许多饭店对一些海鲜、河鲜采用的是明档销售的方法，客人就像在超市购物，可以自由挑选，其随意性很大。由于采购人员对原料价格、鲜度等比较了解，与点菜的服务员相比更具有说服力，其在客人面前对原料的评价会起到意想不到的推销效果。

二、采购人员应具备的素质

从采购员扮演的四种角色看，对餐饮采购员人选的素质提出了很高的要求，具体要求如图7-3所示。

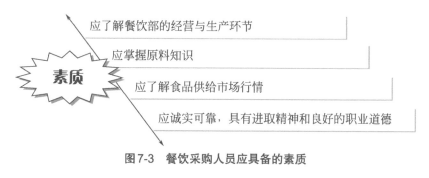

图7-3　餐饮采购人员应具备的素质

1.应了解餐饮部的经营与生产环节

采购员要熟悉餐饮部的菜单，熟悉厨房加工、切配、烹调的各个环节的要求，了解本餐厅在餐饮企业的市场定位，掌握各种原料的消耗情况、加工的难度及烹调方法和特点，及时掌握原料的库存情况及经营动态。

2.应掌握原料知识

采购员要懂得如何选择各种原料，了解不同原料的质量、规格和产地，不同季节原料的特点，对原料的品质鉴定有一些独特的鉴定方法。

3.应了解食品供给市场行情

采购员要及时了解原料市场的供给情况，熟悉市场行情，并且与供应商保持良好的合作关系，及时掌握市场价格的变动。

4.应诚实可靠，具有进取精神和良好的职业道德

灵活多变的价格，需要诚实可靠的采购员。同时采购员的工作时间较为特殊，有时为了保证原料的新鲜，必须早上四点钟出发，趁早赶到市场，在中午营业前必须赶回，以确保正常营业。这样的工作不仅需要一个较好的身体素质，更需要一种可贵的职业道德。

细节50：采购食材，价格合适

食品原料的价格受市场供求变化、原料品种和质量、采购数量、采购渠道以及供货商的影响而波动，尤其是许多食品原料受生产的季节性、区域性的影响。为了降低餐饮成本，采购部或采购人员必须对食品原料采购价格进行控制，其控制途径主要有如图7-4所示的4个方面。

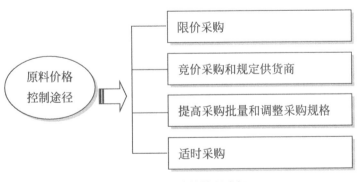

图7-4 原料价格控制途径

一、限价采购

限价采购是指对某些需要采购的食品原料，在保证其品质、规格的前提下，限定其购进价格。

限价采购主要是针对价格波动大且又频繁的价格较高的重要食品原料，要求管理人员比较准确地掌握市场供求和价格信息，采取指令性的采购价格。

二、竞价采购和规定供货商

报价时要公开招标，请三家以上供货商根据餐厅对原料规格、质量的要求报价，物价小组按品种、日均用量、价格等"对号入座"，计算出餐厅招标品种的日均价格，通过比较，选出质量、规格符合标准而价格最低的供货商，然后再将中标供货商的原料价格与市场综合价格进行比较，最后确定每一品种的进货价格。

三、提高采购批量和调整采购规格

根据餐厅的经营业务量、流动资金和储存条件，适当提高每次采购原料的批量，可使供货商降低供货价格，这是降低采购成本的一个途径。

在不影响采购质量的情况下，调整采购规格，如变小包装为大包装或变一等货为统货等，也可降低食品原料的采购成本。

四、适时采购

市场上有些食品原料价格变动较大，通常应时食品原料刚上市时价格较高，随着上市量的增多，价格回落。

> **小提示：**
>
> 当应时原料刚上市，价格较高时，可按营业需要适量采购。当原料上市量增多，价格回落时，如果能够确切掌握市场供求和价格信息，根据经营需要和可能条件，适时批量采购，以备价格又升高时使用，可降低厨房的原料成本。

细节51：采购质量，明确标准

食品原料质量标准，一般包括以下10个方面。

一、品种

同一种食品原料，品种不同，品质便不同。

比如，我国沿海可以食用的海参有几十种，最好的是渤海、黄海出产的灰刺参。选择食品原料时必须规定具体品种。

二、产地

不同产地的同一种食品原料，风味与质量也大有区别。

比如，渤海湾的对虾品质最佳，湖南出产的湘莲质量最好等。

三、产时

不管是动物性原料，还是植物性食品原料，虽然其生长期有长有短，但其最佳品质阶段却是一定的。也就是说，某种食品原料在不同的时间、不同的季节，其品质是不同的。

比如，老嫩之别、粗细之别、含水量多少的差异等。

四、规格

规格是指食品原料的大小、粒重（千粒重）、长短、粗细、单位重量的个数（头数）等。不同规格的食品原料，其质量也有很大差别。

五、部位

有些食品原料根据其结构特征和性质，可分为若干部位，而且每个部位的原料品质特点是不完全相同的。

比如猪、牛、羊等肉类，不同部位的品质、风味差别很大，有肥有瘦、有老有嫩、有硬有软，各不相同，运用时也就有所差别，可根据其特点适用于不同的菜肴制作。

六、品牌、厂家

同一种食品原料由不同厂家生产，其风味质量也不相同。

比如醋，山西出产的味浓香、酸劲冲，而镇江出产的味清香、酸味醇厚等。因此，选择时应确定哪一种更适合自己菜肴的使用，以确定品牌、厂家。

七、包装

包装是指成品原料的包装要求，包括每单位包装的大小、重量、个数、加工日期、卫生要求、保质日期等。

八、分割要求

食品原料分档取料的要求，对食品原料质量也有影响。

比如，分割鸡的翅膀，有带鸡脯肉的，有不带的，哪一种适合厨房加工用，应规定准确。

九、营养指标

营养指标是指各种食品原料含有各种营养素的数量指标。

十、卫生指标

卫生指标是指食品原料生产、储存、运输及加工、包装后的卫生程度，如含杂物比例、是否被污染过等。

细节52：食材验收，严格把关

采购食品的质量验收工作主要由采购员、仓管员及使用部门相关人员共同负责，验收时应注意以下事项。

一、运输车辆

查看车厢是否清洁，是否存在可能导致交叉污染的情形，车厢温度是否符合食品储存温度要求等。

二、相关证明

相关验收员应在验收时要求供应商提供卫生、质量等方面的相关证明，并做到货证相符。

三、温度

（1）产品标注保存温度条件的，应按规定条件保存。

（2）散装食品或没有标注保存温度条件的，具有潜在危害的食品应在冷冻（–18℃以下）或冷藏（5℃以下）条件下保存，热的熟食品应在60℃以上条件下保存。

（3）测量包装食品温度时应将温度计放在两个食品包装之间，测量散装食品温度时应把温度计插入食品的中心部分。

（4）温度计使用前应进行清洁，测量直接入口食品的应进行消毒。

四、标签

标签主要包括品名、厂名、生产日期、保质期限、到期日期、保存条件、食用或者使用方法、"QS"标志等。

五、感官

食品质量的感官鉴别主要有看、闻、摸3种方式，具体如图7-5所示。

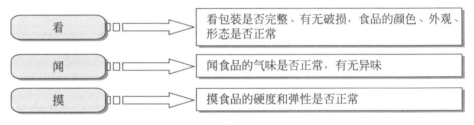

图7-5　食品质量的感官鉴别方式

六、其他

冷冻、冷藏食品应尽量减少在常温下的存放时间，已验收的食品要及时冷冻、冷藏。不符合要求的食品应当场拒收，并做好验收记录。

细节53：入库原料，分类存放

入库的物品要贴上标签，注明入库时间、数量等，以便于领用发放、盘存清点，做到先进先出。

一、分类存放

要根据原料的不同性质和储存要求，将其存入不同库房。

（1）干货、罐头、米面、调味品等无需冷藏的食品应放入干藏库。

（2）果蔬、禽蛋、奶制品等应存入冷藏库。

（3）需冷冻的海产品、家禽等应放入冷冻库。

（4）活的海鲜水产则应放入海鲜池。

二、科学摆放

仓库物品的摆放方法主要有以下3种。

1.定位摆放

根据仓库布局，合理规划各类物品的摆放区域，实行分区定位摆放。

2.编号对立

将物品按其种类、性质、体积、重量等对应地摆放在不同的固定仓位上，然后进行统一编号，标出不同物品的库号、货架号、层号、位置号，保证与账页上的编号统一对应。

3.立牌立卡

对定位、编号的物品建立料牌与卡片，料牌上写明物品的名称、编号、到货日期，并涂上不同颜色加以区分，卡片上填写物品的进出数量和结存数量。

> **小提示：**
>
> 　　在存货管理上，应遵循先进先出的原则，以免造成不必要的损失。储放的货品应不接地、不靠墙、不挤压、不妨碍出入及搬运、不阻塞电器开关和急救设备与照明设备，也不可阻塞或影响空调及降温循环。

三、防止货品损失

　　储存管理的最主要目的在于避免因为偷窃、盗卖或腐坏而遭致货品损失。

1.偷窃损失的预防

　　偷窃是一种犯罪行为。将一部货车开到餐厅后门，将储藏室内昂贵的食品、酒水与设备取走就是偷窃。严密地管制钥匙，限制某些特定的人才能取得钥匙，并且随时将储藏室上锁，这是预防偷窃的最好方法。

2.盗卖

　　盗卖指的是内部员工的不法行为，而且是餐饮服务业最感头痛的问题。偷几罐胡椒粉、芥末酱，或是在工作时偷吃，都属于这一类不当行为。依据统计，3/4的存货短少是因为员工的盗卖行为产生的。

3.腐坏的控制

　　腐坏的控制较偷窃与盗卖的控制容易得多。避免食品发生腐坏的方法包括轮换存货、使旧货首先出清、提供各类货品适当的储存环境，以及严格的消毒。

　　比如，要将气味重与会释放化学物质的物品隔离存放；鲜鱼不能与奶油存放在一起；清洁用品须与食品存放在两个截然不同的环境。当然，也要经常保持存放空间的清洁，定期擦拭储藏货架与地面。

第8章 卫生管理

 导言

　　餐饮企业店长要特别重视餐厅服务的环境卫生，无论设备、条件多么有限，都要把好卫生关，为顾客提供安全的饮食，并创造良好的用餐环境。

细节54：菜品展柜，保持卫生

餐饮企业内的菜品展示柜，必须保持始终如一的干净卫生。菜品展示柜实际上是一个敞口的大型恒温柜，保持展示柜的卫生清洁应按照冷藏设备进行清洁处理。

一、内部清洁

在摆放菜品时，为了减轻餐具对展示陈列架的磨损，往往在上面铺垫一层耐水性能比较好的塑胶地毯。展示柜内部的清洁具体过程如下。

（1）展示柜的使用一般是一天两个正餐，因此应在每餐使用结束后，都进行一次清洁处理。

（2）先把陈列架上的地毯衬垫取下来，用长柄软毛刷蘸中性清洁剂溶液洗刷两面，然后用清水冲洗干净，控净水分晾干。

（3）如果陈列架上有菜料碎渣或其他杂物，先用软刷清扫干净，然后关闭照明灯电源，用半干的干净抹布轻轻擦拭上面的日光灯管，再擦拭陈列台面与边缘。

（4）确认已经清洁干净后，接通电源，将晾干的衬垫铺好。

（5）摆放在展示柜中的所有菜肴样品，必须用保鲜膜封好，摆放前，将餐具的底部用干净抹布擦拭除去污渍。

二、外部清洁

展示柜的外部是指展示柜四周的护板及基座，由于菜品展示柜一般是陈放在餐饮企业的入口或距入口较近的位置，顶部很容易被尘埃污染，所以也要定期进行清洁。清洁程序如下。

（1）展示柜的基座有时会被顾客的脚碰脏，应每天擦拭1～2次，也可在顾客点菜时，随时擦拭，以保持清洁无污。

（2）展示柜的两侧一般每天在营业结束后，用湿抹布擦拭一次即可。

（3）展示柜的顶部一般每周清洁1～2次，由专人负责，清洁要准备好用于升高的梯子，先用抹布蘸清洁剂溶液擦拭一遍，把抹布洗涤干净后再把顶部擦拭一遍，以达到良好的消毒和清洁效果。

细节55：明档区域，卫生洁净

一、员工个人卫生

由于明档的员工烹制菜肴是直面顾客的，不仅要有严格的卫生制度和良好的卫生习惯，还应在工作中保持良好的个人形象。明档员工的个人卫生要求如下。

（1）工装整齐洁净，工作服、工作帽、围裙无污点油渍、无皱折破损，工作帽直立挺拔。

（2）胸前除了佩戴工号牌外，不允许佩戴其他任何饰物。

（3）鞋子干净无污渍，无破损。

（4）头发短而齐整，不留胡须。

（5）不留长指甲，指甲内无污秽物。

（6）秋、冬季工作服内的衬衣领口、袖口干净无污渍、灰尘。

二、作业过程中卫生清洁

明档厨师在原料的准备工作与预制加工过程中，要保持良好的卫生状况，具体要求如下。

（1）废弃物与其他垃圾随时放置专用垃圾箱内，并随时将桶盖盖严，以防垃圾外溢。

（2）灶台表面、料理台面随手用抹布擦拭，菜墩与刀具也要随时擦拭，以保持清洁，并做到每隔20分钟全面整理一次卫生。

（3）作业过程中要求台面无油腻、无下脚料、无杂物，刀具、菜墩干爽无污渍。

（4）所有准备工作结束后，将一切废弃物放置垃圾箱内，并及时清理掉。

（5）对灶台、料理台面、不锈钢货架及各种用具的卫生进行全面整理、擦拭。

（6）刀具、菜墩放置固定位置，便于使用，一切与作业过程无关的物品均应从灶台、料理台上清理干净。

（7）将临灶时使用的手勺放置垫碟上，以免手勺上油渍乱滴。

（8）将漏勺、过滤网笊篱放置油盘上面。

（9）开餐前半个小时，员工应佩戴好口罩，口罩要洁白、干净、平整，无污渍、污迹，每天进行一次消毒处理，不洗涤时可用紫外线灯进行消毒。

三、每餐工作结束后卫生整理

每餐工作结束后，必须对明档间的卫生进行全面、彻底的清洁、整理、消毒。具体步骤如下。

（1）调料汁盒、盆及漏勺、手勺、刀、墩等清洗干净，用干抹布擦干水分，放回货架固定的存放位置或储存柜内，手勺垫碟送到洗碗间进行清洗。

（2）将剩余的餐具送回餐具洗刷间储藏柜内。

（3）将灶台、料理台上及储存柜内、货架上的用品与工具清理干净后，分别先用湿抹布擦拭两遍，再用干抹布擦拭一遍，再将用品与工具摆放回原处。

（4）清除不锈钢水池内的污物杂质，用浸过餐洗净溶液的抹布内外擦拭一遍，然后用清水冲洗干净，再用干抹布擦干。

（5）明档橱窗玻璃按从内到外的顺序分别先用湿抹布擦拭一遍，除去灰尘，再用干抹布蘸酒精擦拭一遍。

（6）陈列菜品的台面按自上而下的顺序分别先用湿抹布擦拭两遍，再用干抹布擦拭一遍。

（7）将垃圾箱内的盛装废弃物的塑料袋封口后，取出送共用垃圾箱内，然后将垃圾箱内外及箱盖用清水冲洗干净，用干抹布擦拭干净，用消毒液内外喷洒一遍，不用擦拭，以保持消毒液干燥时的杀菌效力。

（8）用笤帚扫除地面垃圾，用浸渍过热碱水的拖把拖一遍，再用干拖把拖干地面，然后把打扫卫生使用的工具清洗干净，放回指定的位置晾干。

（9）油烟排风罩按从内到外、自上而下的顺序先用蘸过餐洗净的抹布擦拭一遍，然后用干净的湿抹布擦拭一遍，最后再用干抹布擦拭一遍。

（10）明档内所有的墙壁，按自上而下的顺序先用蘸过餐洗净的抹布擦拭一遍，然后用干净的湿抹布擦拭一遍，最后再用干抹布擦拭一遍。

（11）将恒温箱内所有物品取出，关闭电源，使恒温箱自然解冻，然后用抹布反复擦拭2～3遍，使恒温箱内无污物水渍，再将物品放回原处，恒温箱解冻每周进行一次。

（12）所有抹布先用热碱水或餐洗净溶液浸泡、揉搓，捞出拧干后，用清水冲洗两遍，然后放入开水锅内加热煮10分钟，捞出拧净水分晾干。

（13）明档工作间卫生清理及安全检查工作结束后，打开紫外线消毒灯，照射20～30分钟后，将灯关闭，工作人员离开工作间，然后锁门。

餐饮店长怎样带队伍

——店长管理的100个小细节

细节56：厨房环境，随时清洁

一、厨房墙壁

厨房的墙壁常见有两种：一种是用瓷砖装饰的墙壁，另一种则是用喷塑与涂料粉刷的墙壁。

1.瓷砖墙壁

一般用湿抹布或浸润清洁剂溶液的抹布全面擦拭即可，但要注意墙脚线较低位置的清洁，因为这一部分墙壁很容易溅染污水杂物等，所以在清洁除污时，也可采用软刷刮擦的方法。

2.喷塑、涂料粉刷墙壁

用吸尘器或扫帚进行清洁，对局部被弄脏，污垢严重的地方，可用湿抹布进行擦拭或把清洁剂喷洒墙壁或天花板上，用抹布擦拭。

如果使用吸尘器清洁墙壁要注意对墙壁上排气口部位的清洁，灰尘较厚的地方及无法用吸尘器除尘的墙角等处，可用软刷或干抹布擦拭。对用瓷砖装饰的下部墙壁，先用浸润清洁剂溶液的抹布自上而下擦拭一遍，再用清水洗涤的抹布擦拭干净。

二、门窗与防蝇设施

厨房的门窗也是比较容易沾染污物的地方，主要是工作人员领取搬运食品原料出入频繁。餐饮企业的门主要包括门扇、门框、拉手、防蝇门帘等。

1.窗

（1）首先摘下纱窗，后用软毛刷蘸清洁剂溶液洗刷除去窗框、横梁、窗台、玻璃上的油渍、杂物、灰尘。

（2）用清水冲洗干净，用湿抹布将窗框、横梁、窗台擦拭干净。

（3）用不掉绒毛的软干布或吸水性能较好的纸巾把玻璃内外擦干水分，然后用干净抹布蘸酒精擦拭窗户上的玻璃。

（4）将清洁干净的纱窗安装在原来位置上。

2.纱窗

（1）摘下纱窗，用软毛扫帚将纱窗上的灰尘扫除。

第8章 卫生管理

（2）用软毛刷蘸清洁剂溶液洗刷一遍。

（3）用清水在水池内清洗干净。

（4）捞出纱窗，晾干。

3. 拉手

（1）在开餐后每隔1小时清洁一次。

（2）拉手和拉手的周边地方，一般先用湿抹布擦拭一遍，以除其污迹。

（3）用干净的抹布蘸消毒剂擦拭一遍，达到消毒效果。

（4）再用干净的干抹布擦拭一遍，以免黏滑。

（5）每天最后一次擦拭时，用消毒剂擦拭后，不必用干抹布擦干，使其自然晾干，以保持干燥后的杀菌效力。

4. 防蝇门帘

（1）清洁时间选在餐饮企业非营业时间进行。

（2）每天用干净的抹布蘸消毒剂擦拭一遍，达到消毒效果。

（3）每月取下防蝇门帘，用消毒剂擦拭。

三、厨房地面

地面的清洁也是必须认真对待的问题，具体要注意的事项如下。

（1）粗加工、切配、餐用具清洗消毒和烹调等需经常冲洗场所、易潮湿场所的地面应易于清洗、防滑，并应有一定的排水坡度（不小于1.5%）及排水系统。排水沟应有坡度，保持通畅、便于清洗，沟内不应设置其他管路，侧面和底面接合处宜有一定弧度（曲率半径不小于3cm），并设有可拆卸的盖板。排水的流向应由高清洁操作区流向低清洁操作区，并有防止污水逆流的设计。排水沟出口设计应防止有害动物侵入。

（2）清洁操作区内不得设置明沟，地漏应能防止废弃物流入及浊气逸出。

（3）废水应排至废水处理系统或经其他适当方式处理。

细节57：原料废物，分类处理

一、植物原料废弃物

厨房所产生的植物废弃物，主要来自粗加工间对蔬菜的择洗，包括蔬菜的老叶、弃叶、不能食用的根茎、被剥离削下的外皮等，当然也包括久置没有使用完而变质的蔬菜，对于加工蔬菜而产生的废弃物应及时予以清理。

（1）在择洗加工蔬菜时，把废弃物分类装入垃圾箱，如把没有任何价值的根、皮及烂叶放在一起，把没有腐烂的老叶、菜帮等放在一起。

（2）蔬菜粗加工结束，即将根等没有价值的废弃物集中用塑料袋封好，运送到公共垃圾箱内。

（3）清洗垃圾箱及周围的地面，并进行消毒处理。

二、动物原料废弃物

厨房的动物类原料废弃物主要来自对鱼类、动物内脏等加工时所清理下来的部分，动物的内脏、弃皮、鳞等本身因为含有大量的霉，在常温下很容易腐烂发臭，所以，清理下来的动物类废弃物一定要用专门垃圾箱盛装，并做到每隔一段时间清理一次，尤其是在夏季等气温较高的季节，更要随时清理。清理时要注意的事项如下。

（1）严格密闭。盛放动物类废弃物的垃圾箱一定要有密封效果良好的盖，在随时放入垃圾箱后随时将桶盖盖严。

（2）及时清理。一般不要等到一个班次结束以后再清理，而要定时，随时清理，夏季要每隔1小时清理一次，确保垃圾箱无腥臭等气味。

（3）除污除味。每清理一次，都要将垃圾箱进行清洗除污除味，每个班次结束后连同放垃圾箱的周围地面消毒一次。

（4）动物类废弃物要及时用密封的垃圾车运送。

细节58：排污系统，定期清理

一、下水通道

下水通道的具体清洁程序与要求如下。

（1）排污水系统必须保持完好无损，定期对下水通道进行清理，以保持排污水系统的畅通无阻。

（2）翻开窨沟翻盖或窨井盖，用铁铲铲除黏附在阴沟内或漂浮在窨井内的污物，用硬毛刷洗刷。

（3）阴沟盖及窨井盖也将黏附在上面的污物清除干净，用硬刷蘸碱水洗刷。

（4）用清水将阴沟与阴沟盖一起冲洗干净，冬季用热水冲洗干净。

（5）盖上阴沟翻盖与井盖，将阴沟和窨井周围的地面清洗干净。

（6）夏季在每天工作结束后，对阴沟及窨井盖进行彻底的清理，防止污水逆流及滋生微生物、病菌及蚊蝇等。冬季一般可每周清理2～3次，也可根据排污系统的实际情况进行定期清理。

（7）日常的使用过程中保持无臭味、无阻塞现象，阴沟盖及窨井盖面无污物、无油渍，清洁干爽。

二、油烟排风设备

油烟排风设备的具体清洁程序与要求如下。

（1）油烟排风设备按从内到外、自上而下的顺序先用蘸过洗洁剂的抹布擦拭一遍，然后用干净的湿抹布擦拭一遍，最后再用干抹布擦拭一遍。擦拭的方法有两种，即常规性擦拭与一次性擦拭，常规性擦拭是指厨房在工作中，确定固定人员，按时对油烟排风设备进行擦拭，擦拭时使用干净的抹布，由内而外、自上而下擦拭一遍，一般每隔30分钟擦拭一次即可。

（2）油烟排风管道内的排风扇及管道口处的引风机，也要定期进行除尘清洗。

（3）油烟排风罩每天班后彻底擦拭一次，每周彻底清洗一次。方法是先用蘸有洗涤液的抹布，把油烟排风设备从内到外擦拭一遍，然后再用干净的抹布把油烟排风设备从内到外擦拭两遍，确保油烟排风设备干净卫生。

细节59：厨房设备，清洗干净

一、冰柜

1.卫生要求

（1）冰柜的温度要恒定，不能忽高忽低，否则微生物容易繁殖。

（2）要根据原料与熟饭菜的性质确定保藏的时间。

（3）生、熟食品要分别保藏，不能混放在一起，熟食要经过降温后再放入。

（4）食品原料放入前要清洗干净，经初加工后放入。

（5）对存放的食品原料要按品种、档次分开，有血水的原料放置下层，干爽的放上层。

（6）存放在冰柜中的原料也要遵循先放先用的原则。

2.清洁程序

（1）冰柜要定期除霜，确保制冷效果，除霜时溶解的冰水不能滴在食品原料上。

（2）冰柜要定期清理、洗刷，夏季至少每10天洗刷一次，冬季至少每30天洗刷一次。

（3）除霜时，先将冰柜内的货品移至其他冷藏柜内储存，然后关闭电源，打开冰柜门，使其自然融化，用抹布将冰水擦拭干净，然后换用另一块干净的湿抹布把冰柜内外擦拭一遍，晾干冰柜内水分后，接通电源，将原来存放的货品移至冰柜内。

（4）清洗冰柜时，基本与冰柜除霜的程序相似，只是要把冰柜内的所有可以动的货架、食品盒等全部取出，再把货品移至冰柜内。

（5）冰柜的外表应每天班后用湿抹布擦拭一次，以保持外表的清洁，延缓外表老化程度。

二、炉灶

厨房里有各种各样的炉灶，如炒菜灶、电烤炉、蒸炉、煲仔炉等，各种炉灶虽然属于高温设备，但也不能忽视对它们的卫生管理。

1.燃油、燃气炒灶

（1）待炉灶晾凉后，用毛刷对燃油、燃气的灶头进行洗刷除污，使其保持通油、通气无阻，燃烧完好。

（2）清除燃火灶头周围的杂物。

（3）把灶台上的用具清理干净，用浸泡过清洁剂的抹布将灶台擦拭一遍，再用干净的湿抹布擦拭干净。

（4）用抹布把炉灶四周的护板、支架等一一擦拭干净。

2.蒸灶、蒸箱

（1）蒸灶是指传统的用笼屉蒸制菜肴、面点的烹饪设备，清洁时将笼屉取下，用清水冲洗笼屉内外，如果笼屉内有粘在上面的食品渣等，可用毛刷洗刷，再用清水冲洗干净，控干水分，然后将蒸锅和灶台洗刷干净放上笼屉。

（2）清洁蒸箱时，应先从蒸箱内部清洗，用毛刷将蒸箱内的隔层架、食品盒除净杂物、食品渣，用水冲洗干净，放净箱内存水，用抹布擦拭干净，然后用抹布将蒸箱外表擦拭干净。

3. 电烤箱

（1）断开电源，将晾凉的烤盘取出，用铁铲铲除烤盘上的硬结食品渣、焦块等。

（2）洒上适量餐洗净溶液浸泡10～20分钟，用毛刷洗刷烤盘内外，用清水冲洗干净，再用干抹布擦拭干净，将烤箱内分层板上的杂物、食品渣清扫干净，将远红外管上的黏结物用干毛刷扫除干净，最后将烤箱外表擦洗干净。

4. 微波炉

（1）先关闭电源，取出玻璃盘和支架，用清洁剂浸泡清洗，用清水冲洗干净，用干抹布擦抹干水分，然后用蘸过餐洗净溶液的抹布擦拭微波炉内胆及门，除净油渍杂物，再用干净的湿抹布擦拭干净，晾干后依次放入支架和玻璃盘。

（2）最后用湿抹布将外表擦拭干净，擦拭触摸式温控盘时，要注意动作轻些，以免损坏温控盘上的按键。

三、灶上用具

炉灶，特别是炒菜灶上的烹饪用具，品种比较繁多，常用的就有炒锅、锅铲、铁筷子、漏勺、锅垫、油缸等，一般都是金属制品，比较容易清洗，具体的使用、清洁一般要经过以下4个步骤。

1. 清洗

将灶上用具放入按比例调制的洗涤剂水溶液中，对灶上用具进行彻底的洗刷，以除去灶上用具上的污物、油渍等。

2. 冲刷

把清洗过的烹饪用具用流动的净水将用具上的洗涤液冲洗干净。

3. 消毒

灶上用具的消毒一般采用煮沸或蒸汽消毒的方法，可将灶上用具放入100℃的水中或100℃的蒸汽中加热5分钟以上。

4. 存放

将消毒过的灶上用具晾干后放入专用的橱柜内存放，并确保橱柜是干净卫生的，以免造成灶上用具的再次污染。

四、调理台用具

调理台的用具有盛装生料的料盘及盛装各种调料的料罐，这些用具非常容易形成交叉污染，因此每餐用后一定要进行严格的清洁处理，特别是盛装调料的盆罐，收台时，必须将剩余的调料倒出，把料罐进行认真的清洗，消毒后放置专门的柜内存放。清洁的一般步骤如下。

1.清洗除污

将所有用具放入按比例调制的餐洗剂溶液中，对调理台用具进行彻底的清洗，以除去用具上的污物、油渍等，如果调料盒等用具上有硬结物，则应用热水浸泡变软后，再用硬毛刷蘸清洁剂将污物清除洗净。

2.冲洗清洁剂残液

把用清洁剂溶液清洗过的用具用流动的净水将用具上的洗涤液冲洗干净，如果是在洗涤盆中冲洗，则要至少换清水3次，以确保用具上的清洁剂没有残留。

3.消毒灭菌

调理台上的用具洗涤干净后一定要进行消毒灭菌处理，消毒一般采用煮沸或蒸汽消毒的方法，可将用具放入100℃的水中或100℃的蒸汽中加热5分钟以上，如果是塑料等不耐高温的用具，则应使用消毒清洁剂或高锰酸钾溶液进行消毒处理。

4.卫生存放

将消毒过的调料盒等用具晾干后，放入专用的橱柜内存放，并确保橱柜是干净卫生的，以免造成调理台用具的再次污染。

细节60：餐具清洗，消毒处理

餐具是指包括一切与进食时有关的各种器皿，如盘、杯、碗、碟、匙、筷等，这些餐具均应进行严格的洗涤、消毒处理，并能够得到完善的存放。餐具的洗涤、消毒目前包括手工操作与机器洗涤两种，手工洗涤的步骤一般应包括预洗、清洗、冲洗、消毒、干燥、存放等。

一、预洗

预洗的目的在于刮去脏物，可用木制刮板将餐具内的剩余饭菜清除干净，然后用莲蓬式喷头以温水冲去油渍，清除餐具上的附着物，同时为了保证洗涤的效果，把餐具按不同的种类分开，可以有效地节省洗涤剂与用水量。

二、清洗

清洗主要是为了除净附着在餐具上的油渍污物，并起到初步减少细菌的作用，但没有杀菌效果，清洗的效果取决于洗涤的方法、操作规程、洗涤设备、用水量、水温、洗涤剂的种类与浓度、洗涤的时间等因素。手洗一般是在水池内加入温水，按比例加入洗涤液，将预洗过的餐具放置水池内，经过一段时间的浸泡后，用软布依次将餐具内外洗涤干净。

三、冲洗

冲洗的主要目的是洗去洗涤液，操作时将从洗涤液中洗涤过的餐具用流动的清水将餐具上的洗涤液冲洗干净，最好是用流动水冲去洗涤液。

四、消毒

餐具洗净后的重要工作就是进行消毒处理，消毒的目的是为了确保餐具上的微生物杀灭干净，以保证餐具的卫生安全。现在，餐饮企业常用的消毒方法主要有以下5种。

（1）水煮。在100℃的水中将餐具煮10分钟。

（2）汽蒸。在100℃以上的蒸汽中将餐具加热5分钟以上。

（3）氯液。在万分之二的游离氯水溶液中，将餐具浸泡10分钟以上。

（4）干热。在110℃的干热环境中加热10分钟以上。

（5）微波，在微波内用高火力加热2分钟以上。

五、干燥

干燥就是把带水的餐具去净水分的过程，一般将消毒后的餐具以倒置状态控干或晾干水分，有条件的可用烘干机等设备将餐具上的水分烘干净，使餐具保持在干燥状态。

六、保存

将经过干燥处理的餐具，放入专用的餐具柜内存放，存放餐具的柜子也应该先进行消毒处理，以免干净的餐具被再度污染。

细节61：不同砧板，分类使用

砧板，也叫菜墩、菜板，若是使用不当，或者未清洗干净，很容易导致食品原料与饭菜成品之间的交叉污染，因此必须加强对砧板的卫生清洁工作。

一、砧板应严格分类使用

由于食品原料的来源不同，所含微生物的种类也不一样，因此有条件的餐饮企业应配备适应不同原料种类的砧板，如用于蔬菜、水产、畜禽的砧板应分开，尤其是切割生料与切割熟品的砧板绝对不能混用，不同用途的砧板应标示清楚。

二、清洁程序与要求

（1）使用后应及时清洗、消毒。无论是木质的，还是合成的塑胶砧板，每次使用后都要充分加以清洗，然后进行消毒处理。

（2）砧板的清洁消毒应在每餐供餐结束进行一次，特别是用于熟品切割的砧板，一定要保证每餐进行一次消毒杀菌处理。

（3）消毒后的砧板应在专门的地方（无污染可能的环境）存放，存放时要侧立起来，以避免底部受潮或切配台台面的污染，并在砧板上覆盖防蝇防尘罩之类的设施。

三、消毒方法

砧板的消毒方法如下。

（1）使用85℃以上的开水将砧板的两面冲烫。

（2）把洗刷干净的砧板放置日光下暴晒1～2小时。

（3）把洗刷干净的砧板放入氯水中浸泡30秒，捞出晾干。

（4）用医用消毒酒精溶液擦拭砧板的两面，进行消毒处理。

（5）把砧板放在紫外线灯下开灯照射20～30分钟。

细节62：厨房抹布，严格消毒

在厨房所有的工具中，厨师手中的抹布是使用频率最高，也是卫生状况最差的用具，抹布是最容易造成微生物的传播与污染的用具。厨房有些菜品形成的有害物质的交叉污染，往往也是由厨师手中的抹布引起的，因此必须对抹布的清洁卫生和消毒处理进行严格的管理，每次使用结束后，必须及时进行严格的洗净与消毒处理。

一、热碱水洗涤

将抹布先用热碱水煮沸，浸泡5分钟以上，然后搓洗捞出，用温清水反复洗净碱液为止，拧净水分，再放于100℃的沸水煮5分钟以上，捞出拧净水分晾干。

二、用洗涤剂洗涤

将抹布蘸上一定量的洗涤剂或洗涤剂水溶液，经过浸泡与搓洗后，再用清水反复洗净，然后在100℃的沸水煮5分钟以上，或在100℃以上的蒸汽中加热5分钟以上，取出后晾干。

三、水洗微波消毒法

用一般中性清洁剂溶液将抹布反复搓洗，除净油渍污物，然后用清水冲洗两遍，拧净水分，放入微波炉食品盘上，用高火力加热2～3分钟取出晾干。

细节63：厕所卫生，不可小觑

有的餐饮企业外装修很有特色，大厅内服务员穿戴整洁，厨房收拾得也很干净，但是洗手间内，地上污水横流，便池内十分肮脏，用过的卫生纸丢得满地都是，刺鼻的气味让人不得不屏住呼吸，只想尽快逃离。

对于这样的洗手间，顾客从洗手间出来后，很难再有食欲。这样的卫生状况，当然也很难吸引回头客。

对于许多餐饮企业，往往所有的环节都重视了，但是却忽视了洗手间。

顾客需要舒适的就餐环境，但很多中小餐饮企业对一些细节不太重视。在激烈的市场竞争中，中小型餐饮企业只有向大型餐饮企业学习，加强细节服务，这样才能不断壮大。

卫生间设置一般与更衣室相邻。卫生间应装有洗池，备有消毒洗手液、肥皂，以便顾客洗手消毒。

 **相关链接**

营造"厕所文化"

厕所二字说起来似乎有些不雅，但是谁都无法否定其重要性，尤其是在一些大型餐饮企业，人流密集，更是不可缺少，而且体现着档次和文明。近年来，许多品牌餐饮企业的厕所也开始变得"文化味道"浓起来。

有一家餐饮企业厕所里的环境非常舒适，不仅装修很有档次，冲厕全部应用自动冲洗设施，还有舒缓的音乐听；墙壁上还十分得体地挂着一些或幽默或古色古香的壁画，让人感觉仿佛不是在上厕所，而是进了一间小小的艺术坊，厕所里处处洋溢着一种轻松温馨的氛围。

厕所不应只是解决人们内急的场所，还应是人们放松身心、休闲的地方。餐饮场所用餐，消费者的心情快乐而温馨，但当进入厕所，突然感觉到气味恶劣和环境一团糟时，快乐心情无疑会受到影响。

如今许多餐饮企业厕所多数配备了自动冲洗设备，清洁卫生。此外，一些企业还别出心裁地装点了绿草、壁画等配套设施，加上循环播放的舒缓音乐，让人倍觉温馨。

对于厕所，每隔一定时间会安排管理人员清理检查，努力为顾客营造舒适悠闲的用厕环境。对音乐的选择安排也要讲究，早上以播放轻音乐为主，中午和晚上人多的时候可以选择欢快的曲子。

细节64：工作人员，定期体检

一、新进工作人员

根据《中华人民共和国食品安全法》的规定，所有想进入食品加工、餐饮企业的人员，必须在进入前接受卫生疾控部门的个人健康检查。

1.检查目的

（1）判断是否适合于从事餐饮业或其他食品加工作业。

（2）依据个人的身体健康状况，进入企业后安排适宜的工作岗位。

（3）作为从事餐饮经营的企业自己及卫生疾控管理部门健康管理的基本内容。

2.检查的项目

一般包括以下6个方面。

（1）新进工作人员的个人经历调查。

（2）是否患有传染性病史与自觉性症状。

（3）身高、体重、视力、色盲、听力等检查。

（4）抽血样进行乙肝病菌的检查。

（5）大便的细菌检查。

（6）做血压、尿样、胸部X光等常规检查。

二、工作人员定期健康检查

定期对餐饮企业、食品行业工作人员进行健康检查，其主要目的是为了及时了解工作人员的身体健康变化情况，以便随时发现问题、解决问题，也便于工作人员本身随时了解自身的健康状况。

定期健康检查的项目基本与新进工作人员的检查项目相同，重点是对传染性疾病及是否是传染性疾病病菌携带者的检查，如果发现有人患有了《中华人民共和国食品安全法》"第十六条"中规定的疾病种类，或成为某种传染性疾病病菌的携带者，就应立即调离食品加工岗位，或进行疾病治疗，或从事与食品行业无关的工作。

餐饮店长怎样 *带队伍*——店长管理的100个小细节

细节65：员工患病，及时报告

餐饮工作人员应具有健康意识，懂得基本的健康知识，保持身体健康、精神饱满、睡眠充足，完成工作而不觉得过度劳累。

如感不适，应及时向主管报告，如呼吸系统的不正常情况（感冒、咽喉炎、扁桃体炎、支气管疾病和肺部疾病）、肠疾（如腹泻）、皮肤炎症、溃疡等疾病和受伤情况（包括被刀或其他利器划破和烧烫伤）等。

 **相关链接**

员工必须暂时离岗情形

为了确保菜品加工时避免交叉污染，从业人员，尤其是从业人员在下列条件下必须暂时离岗。

（1）生病。当员工患有感冒、腹泻、过敏性皮炎等疾病时，就应暂时离岗，治愈后再重新上岗。

（2）割伤、擦伤及烫伤。当员工身上有被割破、擦伤或被开水、油等烫伤之后，应进行及时包扎。如果伤口部位是在手部或是伤口被细菌感染时，则不能上岗工作，必须暂时离岗，等恢复后再重新上岗。

（3）护理传染性疾病家人。如果从业人员的家庭成员中有因传染性疾病（如肝炎等）住院治疗，而且本人又经常需要到医院照顾护理时，则应暂时离开餐饮企业，待家人的病治愈后，当事人经过检查确保没有被传染时，才能重新上岗。

第9章 安全管理

 导言

　　餐饮企业做好安全管理，保证客人的生命和财产安全，是向客人负责，同时也是向经营管理者自身负责。因此，餐饮企业店长应切实抓好安全管理工作。

细节66：安全教育，提高意识

做好安全工作，从根本说是全员的自觉行动。因此，餐饮企业全体员工应树立一种风险意识，时刻保持一种防范风险的意识是风险管理的根本。可从以下三个方面抓安全教育，培养员工树立风险意识。

（1）凡是新员工培训，都设置餐饮风险管理课程，并且有消防栓、灭火器的使用操作演习，让新员工从进店开始就有一种风险意识和消防设备的使用能力。

（2）当月组织部门经理搞一次服务质量大检查，其中安全工作是一项重要内容；每月一次经营管理工作总结汇报会，其中总结安全工作；年终评比，评选安全工作先进部门和个人。

（3）每逢节假日，专门布置、检查安全工作。通过这些工作，培养全体员工养成一种风险意识，头脑中时刻有安全这根弦。

比如，每年春节前后，燃放烟花爆竹，保安部门事先都把灭火器准备好；员工整理客房，发现烟头，都用水浸湿，防患于未然；在早晚客人入住、离店高峰，发现路上有烟头，员工们都主动踩灭。由于酒店上下人人树立起一种风险的观念，有效地保证了酒店的安全。

细节67：食物中毒，预防为主

一、细菌性食物中毒

有害细菌很容易在肉类等动物性食品中大量繁殖，所以防止细菌性食物中毒最积极有效的措施便是防止食品污染，或将被污染的食品彻底进行加热处理。

（1）避免各种因素对食品的污染。容器、切肉刀板只要接触过生肉、生内脏的都应及时洗刷清洗，不能因为嫌麻烦，而连续使用。一定要严格做到生熟用具分开、冷藏设备分开、加工人员分开、加工场所分开，防止交叉污染。

（2）防止细菌大量繁殖。生熟动物性食品及其制品，都应尽量在低温条件下保存，暂时缺乏冷藏设备时，工作人员也应及时将食品放于阴凉通风处。

（3）彻底进行加热处理。严禁食用病死或病后屠宰的家禽畜。对肉类等动物性食品，在烹调时应注意充分加热，以达到烧熟煮透；剩菜、剩饭食用前应充分加热，达到彻底灭菌的要求；熟肉类和肉类制品如存放时间稍长，在食用前应再加热一次。

（4）食品加工中做到，鸡蛋煮沸8分钟、鸭蛋煮沸10分钟；肉类在烹调过程中应使肉块中央呈灰色固体状，彻底烧熟煮透，中心温度达到70℃。

（5）禁止家禽、家畜及宠物进入厨房；彻底消灭厨房、储存室、楼面等处的老鼠、蟑螂、苍蝇等害虫。

二、化学性食物中毒

避免化学性食物中毒的措施主要是从食品加工与保管过程中进行的，主要有以下7点。

（1）禁止使用装过含砷、有机磷等农药的容器盛放粮食和其他食品。

（2）不用镀锌容器盛放、煮制、加工酸性食物。

（3）避免使用含铅量高的容器、工具等做饮食用具、食具、容器及包装材料。

（4）食品生产过程中使用的化学物质或食品添加剂，必须符合食品卫生标准要求，并确保成品中含有的各种食品添加剂的用量不超过国家规定标准。

（5）严格遵守食品卫生标准，凡食品原料中镉与汞含量超过国家规定标准的一律不进行菜品加工。

（6）控制食品原料及添加剂中的含铅量，使用添加剂时要严格按国家标准执行。

（7）蔬菜、水果食用前需清洗、浸泡或削皮，粮食需加工处理，以降低有机磷农药在食物中的残留量。

三、有毒动、植物食物中毒

（1）不加工出售有毒或腐败变质的鱼类食品，尤其是青皮红肉鱼类，对含组胺较多的鱼类，应注意烹调方法，减轻其毒性。

（2）加工前应对菌类进行鉴别，对于未能识别有毒或无毒的菌种类，绝不能想当然地食用，应该把样品送有关部门鉴定，确认无毒后方可食用。

（3）马铃薯应在低温、无阳光直射的场所储存，发芽较重及变黑绿的马铃薯不得加工食用，在食用发芽较轻的马铃薯时，应去除芽和芽眼，而且发芽马铃薯不宜炒食，应煮、烧熟透后食用，烹调马铃薯时加些醋。

（4）食用芸豆时应充分熟透，避免食用沸水焯过和旺火快炒的芸豆菜肴。

（5）加工杏仁时均应充分加热，敞开锅盖使其失去毒性。

（6）木薯不能生吃，加工要去皮、水浸、煮熟，新鲜木薯要剥去内皮后再进行加工，浸泡木薯的水及薯汤不宜弃于池塘内，也不宜喂牲畜。

四、真菌毒素食物中毒

（1）防霉变。主要是控制温度和相对湿度，一般粮食含水量在13%以下、玉米12.5%以下、花生8%以下，霉菌不易繁殖。因此，粮食储存要清洁、干燥、低温、要装有通风设备，根据粮温、库温及相对湿度采取降温、降湿措施。

（2）祛毒素。如果粮食已被黄曲霉菌污染并产生毒素后，应设法将毒素清除或破坏，可用物理、化学或生物学方法去毒，或将毒素破坏，其可利用的方法有：挑选霉粒法、碾轧加工法、加碱去毒法、物理吸附法、加水搓洗法等。

细节68：安全事故，做好防范

一、切、割伤防范

对烹饪员工来说，刀具随时都有危险，员工在使用砍刀、切刀或类似的工具时必须注意安全。

（1）使用各种刀具时，注意力要集中，要正确操作，不得用刀指东划西，不得将刀随意乱放，更不能拿着刀边走路边甩动膀子，以免刀口伤着别人。

（2）一定要把切的食品放在桌上或砧板上，切的时候要从切者的身体方向向外切，并抓紧被切的食品，然后用力朝下切。

（3）刀把松动的菜刀应该及时修理。菜刀用完后应放回原处，而不要放在操作台边上，避免菜刀跌落掉到脚上。

（4）千万不要试图去接住坠落的菜刀，更不要把菜刀当玩具，也不要把菜刀当作替代工具来开启酒瓶、罐头和纸箱，而应使用合适的开启工具。

（5）清洗菜刀和其他利器注意力要集中。清洗刀具时，要一件件进行，切不可将刀具浸没在放满水的洗涤池中，绝不能把菜刀或其他利器放在有肥皂水的清洁盆里。要小心清洗所有的利器，用叠得厚厚的布小心谨慎地从刀身向刀刃方向清洗。清洗机械刀片时一定要清洗其刀身，拔掉插头，查阅生产商提供的操作维修手册，按照清洗说明进行清洗。

（6）厨房加工时尽量不要使用玻璃器皿以避免玻璃片的割伤。一旦玻璃器皿打破，应立即用扫把和簸箕打扫，千万不要用手清理玻璃碎片。如果玻璃器皿是在洗碟机里被打破的，应放掉洗碟机里的水，再用湿布垫着把玻璃器皿和打破的玻璃碎片拿出来，然后放进标注有不能再次使用的标记的盒子里。

（7）把各类刀、锯以及其他的利器放在专用架子上，不使用时放入专门的抽屉。

（8）使用设备配备的安全保护工具，遵循设备要求的安全措施。

（9）使用研磨机的时候要小心，应用进料器或捣棒帮助进料，不要直接用手进料。

（10）操作磨刀器械时一定要使用保护手指的工具。

（11）在清洗设备时，要先切断电源再清洗，清洁锐利的刀片时要格外谨慎，洗擦时要将抹布折叠到一定的厚度，由里向外擦。

（12）发现工作区域有暴露的铁皮角、金属丝头、铁钉之类的东西，要及时敲掉或取下，以免划伤。

二、跌伤防范

实际上，摔倒比其他种类和事故导致死亡的人数更多，大多数摔倒者并非从高处摔下，而是在平地滑倒或绊倒的。预防摔倒有以下做法。

（1）始终保持地面干净干燥，有溅出物时要立即拖干净。在工作区域建议挂上"注意安全"或"防止滑倒"的警示牌。

（2）要确保出入口干净安全，冬季的下雪天，要注意经常清理台阶及其他区域的雪和冰，保证路面干净不滑。工作区域门前的踏垫要保持干净，随时注意踏垫的摆放位置。

（3）危险的用具放在远离工作区域的地方。

（4）及时维修破损楼梯台阶，一旦发现有松动的或已翻起来的地砖，应立即换掉。

（5）工作区域的员工要穿平跟防滑鞋，勿穿薄底鞋、高跟鞋、网球鞋和塑料鞋。鞋跟和鞋尖部分不能有开口，绑紧鞋带，防止绊倒。

（6）建议餐饮企业工作人员靠一定的方向走，过摇摆门时，不要跑过去，应留意前方是否有工作人员，避免发生碰撞。

（7）不要把较重的箱子、盒子或砖块等放在高处以防砸伤人。

（8）如果要爬到高处做事或取东西，要使用牢固的梯子，并尽量找其他工作人员配合。

（9）所有通道和工作区域内应没有障碍物，橱柜的抽屉和柜门应时刻保持关闭。

三、烫伤防范

烫伤是发生在餐饮企业的常见事故，以下是预防烫伤的一些方法。

（1）无论使用何种厨具或燃气设备，都应遵循操作规程。

（2）移动热锅要特别注意，在移动之前，应把放热锅的地方预备好。

（3）用干燥的端锅垫端锅，湿的锅垫会导致蒸汽烫伤。绝不能使用围裙、毛巾、洗碗布来端锅。

（4）瓦罐熬汤要防止瓦罐湿底脱落；不要使用把柄松动的平底锅（以防突然翻转跌落）；不要使用圆底锅（以防倾斜）。

（5）不要给水壶装得太满；打开锅盖时应小心提起锅盖，以免被蒸汽烫伤。

（6）烤炉的操作要注意，千万不要将手伸进烤炉，要使用专用工具。

（7）在使用燃气灶时，应先开引风机和鼓风机，然后点火，再开燃气阀。

（8）使用蒸汽设备，严禁蒸汽管对人，严禁在未关汽时打开设备蒸盖，严禁身体直接接触蒸汽设备。

（9）灶具的清洗要注意时机，要把设备先放置一段时间待其冷却后再清洗。

（10）搅动热油或滚烫汤时，要用长柄用具，操作时穿长袖工作服，以防被溅出来的油、滚烫汤烫伤。

（11）搬动开水、热汤、热油的容器时，要小心慢行，以防跌翻烫伤，同时提醒通道上的员工。

（12）油炸食品时，油不许超过油锅的2/3，油温不宜过高（达到300℃，容易起火）。

四、扭伤防范

扭伤也是餐饮企业较常见的一种事故，多数是因为搬运超重的货物或搬运方法不恰当而造成的。具体预防措施如下。

（1）搬运重物前首先要估计自己是否能搬动，搬不动应请人帮忙或使用搬运工具，绝对不要勉强或逞能。

（2）抬举重物时，背部要挺直，膝盖弯曲，要用腿力来支撑，而不能用背力。

（3）举重物时要缓缓举起，使所举物件紧靠身体，不要骤然一下猛举。

五、电击伤防范

电击伤的产生主要是由于员工违反安全操作规程或设备出现故障而引起。其主要预防措施如下。

（1）电器设备，均要接好地线，要配有漏电保护装置，只许经培训合格的人员操作，确定具体使用人，严禁其他人动用。

（2）向设备内添加原料时，必须借助于专业的器械，不许直接用手去添料。

（3）电器设备使用完毕后要及时关闭电源，拔去插座或拉开总闸。

（4）清洁电器设备时要完全断电，如果手上沾有水时，尽量不要去触摸电源插头、开关等部件。

（5）设备使用过程中如发现有冒烟、焦味、电火花等异常现象时，应立即停止使用，申报维修，不得强行继续使用。

（6）电器如出现着火事故，要先断电，再救火，严禁用水扑救带电的电器设备灭火。

（7）电器设备发生故障时必须请专业人员维修，严禁使用人私自乱拆。

六、设备事故防范

设备事故也是员工在餐饮企业工作中容易出现的安全问题。其主要预防措施如下。

（1）各种机器设备，均由专人操作、专人保养、专人管理。操作人员上岗前，必须经严格的岗前培训，熟悉机器性能，能正确操作机器。

（2）设备安装调试合格后，方可接收使用。

（3）安装防护罩。操作处做好防触电标志，贴出操作规程，强调操作时不许撤除防护罩。

（4）设备必须在其额定条件下使用，不能超负荷、长时间使用。

（5）设备启动时，负荷较大的要先点动，再运行。

（6）机械设备运转时要留人在场监控，不能出现空场的情况。

（7）操作者在使用设备时，如果发现机器有异常声响或其他异常的行为，要立即停机，请专业技术人员维修，不要带故障操作。

（8）设备用完后，关闭电源，拔下电源插座或电闸。

（9）清洗电器设备前一定要关掉电源，手湿或站在有水地板上不能触摸金属插座和电器设备。设备的电机部位严禁用水冲洗。

（10）设备的日常保养由操作者负责，定期保养由专业技术人员负责。

细节69：制定措施，严防盗窃

餐厅内拥有大量财产和物品，如果这些财产及物品出现了偷盗及滥用现象，就意味着餐厅遭受损失。餐厅在运营过程中为了提供一定的物质基础，需要在店内保留数目可观的现金，另外还有很多的原料和酒水，这些物品如果不严加保管，一旦遭遇盗窃行为，就会给餐厅造成重大损失。因此，在餐厅安全管理中，应制定周密的防盗措施，以保证餐厅财产及物资的安全。

一、营运安全管理

先到餐厅工作的人员，在工作之前应先检查店面四周有没有异常，看门、窗是否开着，一旦发现被盗现象应马上报警，然后仔细检查餐厅内都丢失了哪些物品，并保护好现场。

晚间关门前，餐厅内的管理人员应对餐厅的各个角落做一遍检查，以确保所有顾客和员工都离开了，同时还要保证所有门窗均已关好。

二、做好内部人员盗窃的预防工作

餐厅员工在工作过程中会直接接触餐厅的财产和物品，因此，为了预防员工偷盗，餐厅就要采取一定的预防措施。

（1）要严把用人关，在应聘过程中，对应聘者的各项素质要严格考核，如发现其曾有过一些不良行为，则不考虑录用。

（2）在平时工作中，要经常性地进行教育培训活动。

（3）现金和支票都要锁在保险柜内。

（4）要制定严格的奖惩制度，一旦发现员工有偷窃行为，则应立即处理，绝不留情。

三、预防外人偷窃

餐厅内每天大量流入流出的现金以及库存的大量原材料，构成了一些不法分子偷窃的目标。因此，餐厅要预防不法分子的偷窃行为。具体可以采取以下措施。

（1）餐厅内要保持照明充足，不给不法分子可乘之机。

餐饮店长怎样带队伍——店长管理的100个小细节

（2）要经常对门窗进行检查，看玻璃有无破损情况、门窗上的螺丝是否有脱落或松动情况，如果有要及时修理。

（3）餐厅的钥匙仅限于经理、副经理及开店、打烊的人员拥有，并加强对钥匙的管理工作。

（4）库房必须上锁。

（5）对餐厅入口、楼层走道及其他公共场所，要严加控制，以防外来不法分子作案。

（6）尽量不将有价值的物品置于公共场所内。

（7）送货人员、修理人员及其他外来人员一律使用员工通道，并且需在值班人员的许可下才能入内；离开时也必须用员工通道，保安人员要注意他们身上携带的物品。

（8）餐厅设备、用具、物品等，如果需要去外面修理，必须经过相关部门领导签名，并由值班人员登记后方可出去修理。

细节70：遭遇抢劫，护人为主

一、抢劫事件的预防

抢劫事件发生前，抢劫者一般都会先熟悉整个餐厅的情况，在这个过程中，往往就会有一些可疑迹象出现。如果平时多注意进入餐厅的可疑人员，则可以预防抢劫事件的发生。

（1）餐厅外如果有人长时间闲逛或逗留，餐厅员工要记下此人的身材特征，尽量劝其离开，如果对方不听，则可以采用一定的措施。

（2）用餐高峰期时，如果有人进出餐厅好几次，员工也要及时对其进行观察。

（3）在接收钱物时，总有人会出现在你面前，这时你可以与他寒暄，让他知道你已经在注意他了，在寒暄中最好问清其住址、姓名以及工作地点等。

（4）餐厅门口或停车场上所停的车内一直有人在等候，这时要记下该车的车号、车型、颜色及停留时间，看其是否在等店内用餐的人，还是另有企图。

（5）顾客单独用完餐后却久久不肯离去，这时服务员可以礼貌地去和他搭讪几句，问他是否需要帮助。

（6）打烊后如果有人敲门，并且是不认识的人，切勿让他进来。

二、抢劫事件的处理

一旦遭遇抢劫事件时，为了将财产损失降到最小，并确保员工及顾客的人身安全，餐厅管理人员应采取一些应变措施。具体包括以下6点。

（1）第一时间保护收银、出纳人员。

（2）记下抢匪的体貌特征、服装以及所持器械等。

（3）被问及保险柜位置和密码时，坚决不说清楚。

（4）以保障人身安全为主，保护财物为辅。

（5）注意匪徒逃离方向，并记下其使用的交通工具，车牌号码、车型及颜色要记清。

（6）报警，并及时向老板或负责人通报具体情况。

> **小提示：**
>
> 一旦发生抢劫事件，店长应立即报警，并向警方详细描述案发过程和歹徒的情况；立即让财务人员确定损失的金额；保持案发现场的完整；安抚员工，要求所有员工不再讨论所发生的事件。

细节71：防火安全，不容忽视

厨房是经常用火的地方，自古以来便是"小心火烛"的重点部位。近年来，随着我国经济的发展，酒楼、餐厅呈现出一片繁荣的景象，但是，由于其经营水平不一，厨房设施和厨房环境差异很大，通常存在液化石油气管道、柴油、煤炉灶并存的情况，而厨房设施的不断更新，用火方式的变化，都增加了火灾的危险性。因此，厨房的防火安全更不容忽视。

一、厨房的火灾危害性

在火灾事故中，厨房成为公共场所发生火灾的主要地点，因厨房着火引起的火灾造成了大量的财产损失、人员伤亡，和一些不可挽回的企业品牌形象。归纳其起火原因，主要有以下4点。

（1）燃料多。厨房是使用明火进行作业的场所，所用的燃料一般有液化石油气、煤气、天然气、炭等，若操作不当，很容易引起泄漏、燃烧、爆炸。

（2）油烟重。厨房长年与煤炭、油气打交道，场所环境一般比较潮湿，在这种条件下，燃料燃烧过程中产生的不均匀燃烧物及油气蒸发产生的油烟很容易积聚下来，形成一定厚度的可燃物油层和粉层附着在墙壁、烟道和抽油烟机的表面，如不及时清洗，就有引起油烟火灾的可能。

（3）电气线路隐患大。餐饮行业厨房的使用空间一般都比较紧凑，各种大型厨房设备种类繁多，用火用电设备集中，相互连接，错乱的各种电线、电缆、插排，极易虚接、打火。

（4）用油不当会起火。厨房用油大致分为两种，一是燃料用油，二是食用油。燃料用油指柴油、煤油，大型宾馆和饭店主要用柴油，柴油的闪点较低，在使用过程中，因调火、放置不当等原因很容易引起火灾。有的地方将柴油放置在烟道旁，烟道起火时就会同时引发柴油起火。食用油主要指油锅烹调食物用的油，因油温过高起火或操作不当使热油溅出油锅碰到火源引起油锅起火是常有的现象，如扑救不得法就会引发火灾。

二、预防厨房火灾的基本对策

（1）加大对酒楼、餐厅厨房员工的消防安全教育，定期或不定期地对其进行培训，并制定相应的消防安全管理制度。

（2）减少柴油等容易积累油污的燃料。厨房中的气瓶应集中在一起管理，距灯具等明火或高温表面要有足够的间距，以防高温烤爆气瓶，引起可燃气体泄漏，造成火灾。

（3）厨房中的灶具应安装在不燃材料上，与可燃物有足够的间距，以防烤燃可燃物。对厨房内的燃气燃油管道、法兰接头、阀门必须定期检查，防止泄漏。如发现燃气燃油泄漏，首先应关闭阀门，及时通风，并严禁使用任何明火和启动电源开关。

（4）厨房内使用的电器开关、插座等电器设备，以封闭式为佳，防止水从外面渗入，并应安装在远离煤气、液化气灶具的地方，以免开启时产生火花引起外泄的煤气和液化气燃烧。厨房内运行的各种机械设备不得超负荷用电，并应时刻注意在使用过程中防止电器设备和线路受潮。

（5）厨房灶具旁的墙壁、抽油烟罩等容易污染处应天天清洗，油烟管道至少应每半年清洗一次。

（6）配置灭火设施。厨房内应配备一些湿棉被和石棉毯，用来扑灭各类油锅火灾。另外，厨房内还应该配置一定量的 ABC 干粉灭火器设施，并应放置在明显部位，以备急时所需。

 小提示:

在配备充足的消防器材设施的同时，要定期组织人员搞好模拟训练和灭火训练，不断提高餐厅内部的自防自救能力，一旦发生火灾能够迅速灭火，以减少不必要的损失。

三、火灾发生时如何疏散、引导顾客

餐厅如果发生火灾，在疏散、引导顾客时应遵循以下要领。

（1）利用广播向客人告知火灾地点。

（2）最靠近火灾处所的顾客优先疏散。

（3）老弱妇孺优先疏散。

（4）疏散当中如遇浓烟迫近时要使用湿手帕、湿毛巾将鼻、口掩住，必要时使用室内消火栓射水援护。

（5）疏散时不可使用电梯。

（6）将火灾楼层下面的顾客，引导至各安全（门）楼梯向下层疏散。

（7）将火灾楼层的顾客，引导至火灾地点反方向安全（门）楼梯向下面楼层疏散。

（8）将火灾楼层上面的顾客，如安全（门）楼梯间无烟火冒出时，引导向下面楼层疏散。如遇烟火时，则改由反方向的安全（门）楼梯向下面楼层疏散。

（9）引导疏散时要注意安全，不可混乱，而且必须大声呼叫、指示。

（10）一旦疏散至安全地带后，禁止顾客返回取物。

（11）关闭火灾区域的防火门，在此之前要先确认有无未疏散人员。

（12）检查厕所、餐厅内是否还有人。

 小提示:

要掌握好疏散时机和疏散方式，过早疏散易造成影响，过迟疏散可能造成损失。

第10章 营销管理

 导言

　　近年来，随着餐饮行业竞争的日趋激烈，餐饮市场营销的作用显得越来越重要。作为现代餐饮企业，其营销战略的核心是要紧跟时代的步伐，紧抓市场发展的命脉，以顾客的需求为中心，从而留住和赢得更多的顾客。

细节72：广告营销，树立形象

一、店铺招牌

顾客被招牌吸引走到店前以后，如果仍在犹豫是否要进去，店长这时应该检查店外设计，弄清顾客犹豫的原因。

（1）应检视橱窗是否干净清爽，至于是否要标出餐厅的招牌菜品及价格，由餐饮店长自行决定。有时装潢豪华的餐饮企业会让消费者误认为价格昂贵而打退堂鼓，这时若标明价目，可以消除顾客的恐惧感，使之安心地踏进店，享受美食。

（2）要考虑客座的分配。一般非固定顾客不太愿意进入顾客稀少的餐饮企业，因此应当尽量带领顾客坐在窗边的座位。窗边座位的布置须讲究别致，比如可巧妙地放置树木盆景，使之具有舒适感。当然，最重要的是要有技巧地把顾客带到靠窗的位子。

另外，餐饮企业外观应讲求各种吸引顾客的方法，如挂霓虹灯招牌、店外播放轻音乐等，都是有效的方法。

二、POP广告

可以自行制作POP广告（店面广告）。POP广告包括市招（店面招牌）、样品橱窗等户外POP，及放在桌上、贴在墙上的菜单等户内POP。户外POP一般无法自己制作，而户内POP却可发挥创意，自行制作，但是在制作POP广告时应注意以下事项。

（1）注意POP广告的数量。POP广告太多，将破坏餐厅的气氛，减弱广告效果，所以务必注意集中焦点，仅选择重要的商品及基本菜单加以展示。

（2）注意张贴位置。有些餐饮企业把POP贴在顾客根本看不到的位置，实在是不智之举。POP若不贴在全店都能看到的位置，就无法发挥POP的广告效力，但千万不可贴在有碍行动的位置，这样反而会引起顾客的厌恶，需特别加以注意。

（3）全体员工参与POP制作。尽量让全体员工参加POP的制作，借制作的机会，员工可以重新发掘出餐饮的特色，并且丰富自己的餐饮知识。

细节73：微博营销，内容为王

有价值的内容就是对微博用户"有用"的内容，能够激发微博用户的阅读、参与互动交流的热情。餐饮企业微博的内容可以集中在以下5个方面。

一、菜品推介

对本店的特色菜、新菜品进行介绍，还可以发布最受欢迎菜品统计数据。如图10-1所示。

图10-1 微博营销截图（一）

二、促销活动宣传

对节假日、店庆日推出的促销活动进行宣传。如图10-2所示。

木屋烧烤 V

2017-10-26 16:54 来自 专业版微博

深圳皇岗村店即将开业啦！😄10月28日-30日开业3天5折（海鲜烤鱼类/酒水/香烟/全羊除外），还有独家精品"鲜烤小肥牛"，1头牛仅做100份💙；和二十多款来自全球的精酿啤酒，低至超市价💜💜！让我们欢聚时光在木屋！让每一天都值得庆祝！😋

图10-2　微博营销截图（二）

三、信息预告

对店内餐位是否满员、门前的交通状况、本日打折菜品、新推菜品、售完菜品等信息通过微博进行预告。如图10-3所示。

西贝莜面村 V

7月22日 12:00 来自 微博 weibo.com

置顶 #西贝戈壁白兰瓜# 全程冷链，横跨千里只为一口甜到你！上市倒计时2天！

图10-3　微博营销截图（三）

四、与消费者互动

如邀请消费者餐后参与微博点评、邀请粉丝参与菜品改良或新菜品设计、邀请粉丝评选本店最佳菜品等。如图10-4所示。

西贝莜面村 V

今天 08:49 来自 微博 weibo.com

又是周一了，有什么食物是一吃就会觉得幸福感暴增的，互相推荐一下~

图10-4　微博营销截图（四）

五、品牌维护

对消费者的抱怨及时回复、说明情况，通过有效沟通维护企业的品牌形象。如图10-5所示。

海底捞火锅 V

6月13日13:53 来自 微博 weibo.com

林海老师：您好！就您起诉海底捞门店侵权一事，请见以下海底捞的进一步说明。谢谢！@林海音乐 @林海音乐工作室

图10-5　微博营销截图（五）

细节74：微信营销，精准推送

餐饮企业在自己的公众号上推送餐厅动态、美食、服务信息或打折优惠信息，就像餐厅的海报，通过微信与用户沟通交流最新讯息，方便快捷、成本低。

一、展示餐厅信息，吸引顾客消费

在公众号上餐饮企业应该展示一些什么呢？举例如下。

比如，可以展示餐厅的美食、环境、服务等信息；可以展示菜品有多新鲜，所采购的肉、鱼、蛋都是哪里来的；展示餐厅做了什么优惠活动的结果、照片等。

让顾客能看得到品质、实惠，产生消费冲动，这就是展示的目的。

二、借助热点吸引人气

餐饮企业做公众号营销一定要学会借势，借助网络、社会大众关注的热点，推送的内容才会更有关注度。

 小提示：

追热点一定要结合餐厅实际情况，必须要和店面结合起来，才是最主要的目的。

三、发放优惠活动信息，引导顾客分享

在公众号上不定时发放优惠活动信息，是提高用户活跃度的最佳手段。

比如，向粉丝发送店内每日特价菜品信息，或者新品上市时，可以向粉丝限量发放免费品尝优惠券等。

发放优惠给予顾客一个上门消费的理由只是第一个目的，后续如何让餐厅通过这些顾客，得到更多的曝光量是第二个目的。

比如，可以鼓励这些顾客，在微信朋友圈分享"好好吃啊"，及各种菜品美图，这样就会提高餐厅的曝光率，无形地将餐饮品牌和美誉在社交圈推送出去了，而对于这种分享的顾客，餐馆可以赠送菜品、积累积分等，这就形成了良性循环。

四、用好玩的游戏与活动，吸引用户参与

微信公众号其实是为商家提供了一个与用户沟通的新渠道，通过不同的沟通形式和内容可以达到不同的效果。

比如，通过互动游戏，可以提高用户黏性，如果功能设计得合理，还可以引发用户带动周围的朋友一起参与，达到口碑营销的效果。

微信公众号营销比较常用的方法就是以活动的方式吸引目标消费者参与，从而达到预期的推广目的。要根据自身情况策划一场成功的活动，前提在于商家愿不愿意为此投入一定的经费。当然，餐饮企业借助线下店面的平台优势开展活动，所需的广告耗材成本和人力成本相对来说并不是不可接受的，相反，有了缜密的计划和预算之后完全能够实现以小成本打造一场效果显著的活动。如果你的公众号的功能享有提前预订、会员折扣、生日特权、积分、买单、投诉建议的权利，那粉丝的黏性将会更高。中国的节日特别多，意味着餐饮商家的趣味性活动和有利益的推送内容也是可以留住一部分活跃粉丝的。

以签到打折活动为例，商家只需制作附有二维码和微信号的宣传海报和展架，配置专门的营销人员现场指导到店消费者使用手机扫描二维码，关注商家公众账号即可收到一条确认信息（注意，在此之前商家需要提前设置被添加自动回复），消费者凭借信息在买单的时候享受优惠。

> **小提示：**
>
> 为防止出现顾客消费之后就取消关注的情况，商家还可以在第一条确认信息中说明后续的优惠活动，使得顾客能够持续关注并且经常光顾。

五、服务人格化、效率化

很少有人乐意对一个冷冰冰的餐饮企业机构敞开心扉，人格化就是将企业品牌人格化、故事化、场景化、去商业化，赋予企业人格魅力，像一个人，让企业像个人去跟用户沟通，不必追求华丽的辞藻、炫酷的技巧，用最简单平实、接地气的语言往往最能打动用户。

对于用户的问题和投诉，公众号作为一个即时沟通平台一定要迅速响应给予答复，再巧妙地让用户宣传自己的品牌，一次好的服务也是一次好的潜在营销的机会。

细节75：会员营销，塑造口碑

会员是有一定忠诚度的顾客。首先餐饮企业用美食和用餐体验令顾客感到愉悦，之后餐饮企业再进行适当的引导，顾客们就会非常乐于将相关信息分享给身边的朋友，从而达到帮助餐饮企业塑造良好口碑的效果。

比如近年来，喜茶、海底捞的走红，往往是靠顾客口口相传或朋友圈的分享打造的口碑，而不是简单粗暴的广告宣传。

餐饮企业可将顾客分为会员与非会员，再对会员进一步细化，目的就是为了通过更加具象的顾客特征策划更加"贴心"的营销服务。一般来说，餐饮企业可通过如下策略来做好会员营销。

一、有针对性激活与唤醒，延长会员的生命周期

很多人会奇怪，为什么每次抢到饿了么的红包金额都不一样？刚想喝下午茶，饿了么就发了下午茶红包，这是为什么？这其实就是有针对性的唤醒。因为有了忠实会员和淡忘会员、流失会员等不同生命周期的会员数据，同时加上针对地域、消费能力、用餐习惯等多种维度的数据分析，饿了么运营部会判断会员的身份，决定红包投放策略和方向。同时，他们会根据大量会员画像构建会员体验的监测模型，并且利用数据模型分析检测每个接触点相互间的转化率，从而调整下一次的发送红包策略，进而培养会员的消费惯性，延长生命周期。

二、量身打造营销策略，做"走心"的营销活动

根据会员的个人偏好、消费习惯，打造个性化的营销策略，可以让营销宣传不再生硬、低效，达到"润物细无声"的潜移默化的影响。

比如，十分流行的丧文化，包括"丧茶""小确丧"等知名餐饮企业推出的限定丧文化产品活动，引爆了整个朋友圈。这是因为餐饮企业抓住了他们最大的客户群体——年轻人的喜好和习惯：85后、90后面临着经济放缓、房价高、赡养父母、学历贬值等压力，这些年轻人擅于用自嘲的方式，减轻压力，因此，"负能量营销"迅速地博得了他们的认同感，达到了极好的传播效果。

三、整合各种工具类软件互动，打造会员大数据平台

会员体系的具象化呈现可以理解为一个虚拟的社交朋友圈。借助微信等相关工具作为大平台，纳入基本的会员信息、积分情况和优惠券的管理和查询，提供如等菜期间的游戏、线上支付等多种服务，无论是消费行为，还是营销信息、评价互动等都可以在这个平台上呈现，不仅大大地减少了餐饮企业的沟通成本，提高了信息到达率，还能轻松吸引大批"粉丝"关注，更好地培养忠实会员。

餐饮店长怎样 **带队伍**——店长管理的100个小细节

细节76：App营销，优化服务

　　餐饮企业可以利用餐饮App服务每一位到场就餐的用户，累积收集用户的饮食习惯爱好、评论和反馈意见，有效提升服务质量，帮助企业实现更加有效率的管理。

　　App平台营销对餐饮业来说已是大势所趋，它是一种全新的精准营销方式，当我们拥有了一款用户体验感极佳的App后，如何更高效的推广自己的App，吸引用户的下载，得到用户的喜爱，这又是App平台营销中急需解决的难题。目前餐饮App的推广模式主要有如图10-6所示的6种。

方式一	将 App 发布到苹果、安卓的各大应用市场，用户在移动市场中找到相关应用并下载
方式二	运用二维码技术，在一切可显像图文的平台上添加二维码
方式三	优化应用搜索渠道，将网站访问率转化为应用下载量
方式四	通过专业性媒体、电视广告、网络广告报道，提高 App 的曝光率
方式五	微博营销，给 App 注册微博账号，近距离的与用户进行沟通，提高影响力
方式六	口碑营销，通过口言相传，提高 App 关注度

图10-6　App营销推广方式

> **小提示：**
>
> 　　餐饮企业应该找准自己产品的定位，选择适合自己的推广方式，那样将便于口碑和品牌形象的传播。

细节77：跨界营销，扩大资源

这两年，跨界营销成了最火爆的营销手段之一，意想不到的新玩法，给顾客带来全新的体验，让商家收割了大量的注意力和好感度。

一、跨界合作的基础

跨界营销不是胡乱抓来一个品牌就可与之合作的，跨界必须是不同品牌基于同一拨消费者画像的，围绕他们的喜好、偏好、消费习惯进行营销。

客群一致，是两个品牌合作的前提，而品牌调性和价值观决定双方能否顺利进行合作。

比如，奈雪的茶就和Flowerplus合作，双方用户画像都是白领女性和年轻情侣，两者合作有助于流量转化与置换。

如果两个品牌相互看对眼了，但又实在找不到"合作的点"，也可以从时间维度上去推。

比如，肯德基和华为推手机也是双方刚好赶上"30年"纪念；必胜客和知乎踩着开学，更好契合了"学习知识"的主题。

二、跨界营销的形式

跨界营销，重点还是要放在营销上面。营销的好处是帮助提升品牌的知名度、美誉度、曝光度。那么，餐饮企业要怎么进行营销呢？可以采取以下4种形式。

1.线下

在餐饮店面形象上，引入合作方的IP。

比如，喜茶进驻迪士尼，店面形象就凸显童话梦幻，周边还售卖迪士尼正版玩偶；在桌椅、碗筷上进行调整，永久自行车就开了家咖啡馆，店内就大面积使用了车轮元素（如图10-7所示）；再者人员服饰妆容上也可以"应景"，有些网咖会邀请一些游戏达人、cosplay助阵，引发网民进店消费，晒图合影。

图 10-7　永久自行车咖啡馆

2.线上

线上玩法就多了，双方可以合拍一支广告视频，内容中软性植入美食、Logo等，再打造趣味性H5吸引网友互动，同时还可以在微博、抖音等新兴互联网营销阵地进行宣传造势。

3.菜品

现在跨界的含义不再局限于不同行业的合作，两家餐饮企业也可来一次招牌菜互换的操作。

比如，鹅公村品牌还与茶餐厅品牌九龙冰室跨界合作推出新品牌鹅与九龙，这种餐饮之间的跨界合作一般是业态补充，双方不必再发力研发端、供应链，就可以轻轻松松引入本就具备知名度的菜品，有利于餐厅客单价的提升。

4.活动

双方可以展开一系列活动造势。

比如，德克士就联合吃鸡游戏IP，在线下空降吃鸡特种兵送餐，还限时抽取巨型全年免费零食箱，成功激起顾客的好奇，提高了顾客到店频次与进店时长，最终促进了商品销售。

细节 78：团购促销，实现共赢

餐饮团购的模式很简单，餐饮商家将自己的产品入驻到团购网站，通过餐饮团购这一新渠道，来推销一部分商品，同时提升自己品牌知名度、受众度。

餐饮企业在进行团购促销时需要做好如图10-8所示的各项准备工作。

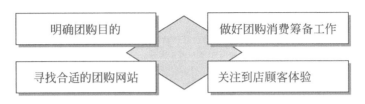

图10-8 团购促销的准备工作

一、明确团购目的

餐饮团购的目的不一，有的是为了吸引客源、让利促销；有的为了薄利多销、赚取更多利润；有的是亏本促销，求的是广告效应。

小提示：

餐饮企业一定要根据促销目的和自身接待能力制定相应的促销方案，明确促销产品的种类、价格及人数限额等。

二、寻找合适的团购网站

选择团购网站时要考虑其品牌信誉度、餐饮团购经验、网站定位、合作方式和分利模式、所能提供的支持服务等。

三、做好团购消费筹备工作

根据自身接待能力进行团购消费筹备工作，包括每日接待人数分流、服务人员培训、团购餐品备料、应急方案制定等。

四、关注到店顾客体验

团购销售结束后，登录团购商家后台，查询订单情况和团购券使用情况。在团购用户到店用餐时关注食客的反馈意见，以达到利润和口碑双赢，争取更多的回头客和新客源的目的。

细节79：假日促销，抢占市场

顾名思义，节日促销就是指在节日期间，利用消费者的节日消费心理，综合运用广告、公演、现场售卖等营销手段，进行的产品、品牌的推介活动，旨在提高产品的销售力，提升品牌形象。

一、中国传统节日促销

随着国家的一系列政策出台，中国的传统节假日已日益增多，较为大型的节假日有春节、清明节、端午节、七夕情人节、中秋节、重阳节、国庆节等。餐饮企业可以抓住重大节假日，开展与重大节假日有关的经典餐饮促销活动。

餐饮企业可通过相应的设置，宣传有关传统节假日的文化典故，组织策划有关节日的专题促销活动，并推出各种主题菜品，深化人们对中国传统文化的认识。

二、西方传统节日促销

如今的年轻人热衷于过节，不仅过中国的节日，西方的节假日也不会轻易"放过"，比如遇上圣诞节、复活节、情人节、母亲节、父亲节、万圣节、感恩节时，他们都会相聚在一起欢度节日。

针对西方节假日搞促销，餐厅一定要抓住文化特色主题，介绍西方文化内容，才能吸引消费者。

三、国际性节假日促销

元旦、五一劳动节、六一儿童节、三八妇女节，这些都是国际性的节假日，在这些节假日中，餐饮企业可根据不同人群的需要，开展相应的促销活动。

四、季节性节假日促销

对于季节性节假日，餐饮企业的促销活动应当借题发挥，突出节日的气氛。餐饮企业可以在不同的季节中进行多种促销，这种促销可根据消费者在不同季节中的就餐习惯和在不同季节上市的新鲜原材料来策划促销的菜品。

即使没有节假日，餐厅也应当根据季节做出适当的促销。

第10章 营销管理

比如，在酷热的夏天推出特价清凉菜、清淡菜，在严寒的冬天推出特价砂锅系列菜、火锅系列菜以及味浓的麻辣菜等。

五、职业类节假日促销

职业类节假日，包括教师节、秘书节、记者节、护士节等节假日，这些节假日往往为某些特殊职业的从业人员而设，餐饮企业可以在这样的节日中，通过开展主题餐饮活动联络与这部分消费者的感情。

六、特殊时段促销

特殊时段主要包括的是高考期间、年终期间、暑假期间，在这些时段内，餐饮企业可以推出高考餐饮促销活动、各类宴会、暑期儿童套餐等，以此吸引不同阶层消费者的注意。

细节80：让利顾客，优惠促销

讲到促销，大家脑海中第一个念头就是——优惠。的确，优惠确实是促销的最佳手段之一。一般来说，优惠促销主要包括即时优惠和延期优惠两大类。

一、即时优惠活动

即时优惠是伴随餐饮购买行为而自动生效的各种优惠，如现场摸奖、现场打折、赠送礼品等。通常来说，即时优惠的形式主要有如图10-9所示的5种。

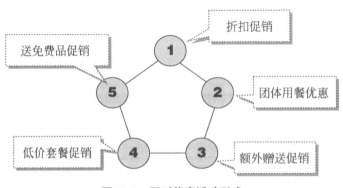

图10-9　即时优惠活动形式

二、延期优惠活动

延期优惠是消费者在下次购买餐饮产品时才能使用和享受的各种优惠。延期优惠并不像即时优惠那样有多种形式，它主要集中于如图10-10所示的两种形式。

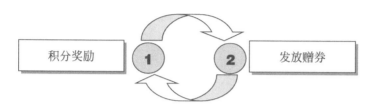

图10-10　延期优惠活动形式

1.积分奖励

对于那些经常前来餐厅就餐的消费者，餐饮企业可以对他们进行积分奖励。使用这种方法，可以提高消费者对企业的忠诚度。餐饮企业可以按照消费额的大小计算消费者的分数，消费者每次在餐厅消费后获得的分数可以累加，形成总积分数，接着餐厅根据消费者的积分多少，制定和实施不同档次的奖励办法。

比如，给予较高的折扣优惠、免收服务费、免费消费等。

2.发放赠券

可以说，如今利用赠券形式进行优惠促销已经越来越普遍，尤其在营业淡季时，可以更多地采取这种方法。赠券的发放比较灵活，可以在消费结账时向消费者赠送等价赠券，下次就餐时可按相应币值计算。

三、其他优惠促销

优惠促销的方式还有很多，除了即时优惠和延期优惠两种方式外，下面的两种方式同样属于优惠促销，它们与常规方式相比，更具针对性和合作性。

1.淡季折扣促销

每个餐厅都会有自己的旺淡季，对于淡季而言，餐厅可在这段时间举办各种促销活动，以此提高销售额。

比如，在淡季期间，餐厅可以利用饮料开展"买一送一"的促销，同时还可以加入适当的演出活动。

当然，淡季折扣可以在一定程度上促进销售量的提高，但并不是每项折价政策都能提高经济效益。餐饮企业需要详细记录折价前后的就餐人数和销售额等数据，比较实际销售额能否达到通过促销活动应达到的水平，如果不能达到，就应立即采取改进措施或取消这项促销活动。

2.联合促销

由于餐饮业具有行业密集的特点，因此，餐饮企业有时可以同邻近商家组织联合促销，以某种双方都能够接受的形式与运作手段共同进行市场沟通和菜品推销。

比如，餐厅邻家是啤酒经销商，可以共同举办"啤酒节"。促销期间，啤酒经销商提供折扣啤酒，餐厅提供折扣菜品。消费者为了得到优惠菜品和啤酒，积极就餐，由此增加了菜品和啤酒的销售量。

通过这样的联合促销，不但啤酒商获得了向餐饮市场推销产品的机会，而且带动了餐厅菜品和服务的销售，减少了餐厅单独促销时所负担的促销费用。因此，如果餐厅能与其他餐饮同行优势互补，那么就尽量采取这种联合促销方法。

细节81：菜品展示，现场促销

促销的目的就是为了激起消费者购买欲望，因此，餐饮企业可以利用菜品展示进行促销，这样即不会使成本增加，又能达到扩大销售的目的。一般来说，利用菜品展示促销，有以下4种方法。

一、菜品陈列促销

有一些消费者在点菜时，总对菜单文字介绍和图片展示持怀疑态度。此时，餐饮企业不妨将烹调得十分美观的菜品展示在陈列柜里，消费者通过对产品直接观察，很快就能点完菜。当然，这种方法的局限性也很明显：不是所有的菜品都适合陈列促销。许多菜品烹调后经过放置会失去新鲜的颜色，这样的陈列反而会起到反作用。一般来说，这种促销方法比较适合凉菜、甜点、沙拉菜等。

二、原材料展示促销

一些经营海产类菜品的餐饮企业，可以通过原材料展示进行促销，因为这种菜品讲究"鲜""活"，原材料展示，可以让消费者看到本餐厅使用的原材料都是新鲜的。

具体来说，餐厅可以在门口用透明玻璃鱼缸养一些鲜鱼活虾，任凭消费者挑选。厨房按消费者的要求加工烹调，这样消费者就能目睹原材料的鲜活，容易对质量满意，当然，也不是所有的海产品都适合这种方法。

　　原材料展示促销的关键是，必须保证原材料的质量。有的餐厅鱼缸里的鱼身上伤痕累累，鱼鳍被咬掉一半，多处已露出红肉，但还没有死，令人产生一种既可怜又恶心的感觉，消费者不但不会点这条鱼，对这家餐厅也会失去好感。

三、服务员巡回推销

　　有一些餐厅因为供应凉菜或点心，所以，采取服务员巡回推销的方式也不失为一个妙招。这种方法的关键就在于，部分菜品放在推车上的器具里，由服务员巡回于座位之间向消费者推销。有时消费者点的菜不够充足，但又怕再点菜等待时间过久，在这种情况下，推车服务既方便了消费者，又增加了餐厅收入。巡回推销的好处还在于，车上的许多菜不一定是消费者非买不可的菜品，它属于冲动性决定购买的菜品，消费者如果看不见这些菜品，不一定会有购买动机，但看见后便可能产生冲动性购买动机和购买行为。

　　如果餐厅档次较高，除了推销凉菜或点心之外，还可以在小车上配备一碗刚刚出锅的馄饨，这碗馄饨盛在精致的小汤碗里，下衬漂亮的餐垫和精致的衬碟，馄饨里有碧绿的香菜和可口的蘑菇作点缀，在餐具和装饰品的衬托下，这碗馄饨的外观非常诱人，使它在消费者心目中的价格倍增，这样，原本一道成本不高的菜品，就可以卖出一个合适的价格。

四、现场烹饪促销

　　在一些餐厅就餐时，一定会见过像"印度抛饼"这样的现场制作场面。通常，这种带有表演性质的现场烹饪，都会使消费者产生兴趣，引起食欲和强烈的品尝心理。因此，餐厅不妨也采取现场烹饪的方法促销。

　　这种方法的优势是，使消费者现场目睹菜品的烹饪过程，当场品尝该菜品的味道，会感觉味道更加鲜美；现场烹调还能利用食品烹调过程中散发出的香味和声音来刺激消费者的食欲。需要特别注意的是，进行现场烹调促销时，厨师一定要选择外观新鲜漂亮的菜品，烹调时无难闻气味、速度快而且简单，如烧烤类的菜品容易现场烹调。另外，烹调的器具一定要清洁光亮，否则消费者会对餐厅产生一种不干净的误解。

　　比如，俏江南强调把菜品制作过程当成一种让客人参与体验的表演。制作

"摇滚沙拉"和"江石滚肥牛"等招牌菜品，服务员一边表演菜品制作，一边介绍菜品的寓意或来历等，使消费者产生深度的参与感，并获得全新的消费体验。

现场烹饪营销要求餐厅有宽敞的空间和良好的排气装置，以免油烟污染餐厅或影响客人就餐。

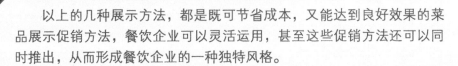

小提示：

以上的几种展示方法，都是既可节省成本，又能达到良好效果的菜品展示促销方法，餐饮企业可以灵活运用，甚至这些促销方法还可以同时推出，从而形成餐饮企业的一种独特风格。

餐饮店长怎样**带队伍**

——店长管理的100个小细节

第11章 外卖管理

导言

    随着互联网加速发展及支付方式的普及，在线餐饮外卖已经基本全面渗透到人们的日常生活中。外卖业务已为越来越多的餐厅经营带来许多额外的收益，作为餐饮企业店长，应该对网上外卖重视起来，不要看作"附加"业务随便经营。

细节82：顺应趋势，开通外卖

说到网上外卖餐饮业务，可能很多餐饮企业经营者第一反应都是：这是与门店销售争夺客源的不可取的途径。其实不然，外卖服务对门店来说非常重要，因此餐饮企业可顺应发展趋势，开通外卖业务。

一、外卖可以带动门店销售

外卖和门店销售是相辅相成的，外卖不会争夺门店的存量，反而会通过创造增量来带动门店销售。原理很简单，网络开辟了餐厅的新客入口，如果体验好，该部分顾客很可能会到线下门店消费，而感受过实体店内的氛围和服务后能转化成老客。

二、外卖可以补充门店销售

门店销售受天气、假期等的影响较大，外卖能够在餐厅门店销售不佳时支撑营业额。网上外卖订单高峰时期，大都出现在下雨、寒潮或高温、台风等天气恶劣的日子，在这些日子里，网上外卖订单量比平时增长30%。外卖和门店销售相互补充，交易额相对稳定，也有利于餐厅经营计划的制订。

> **小提示：**
>
> 据业内人士预测，2020年中小餐厅的外卖具有很大的发展潜力，商家们必须重视外卖，掌握互联网外卖思维，去掉外卖是附属品的思维，将外卖当成餐饮的第二产业。

细节83：根据实情，选择入口

现有外卖流量入口有三种形式：外卖App；第三方外卖平台；基于公众号开发的自建平台。餐饮企业应根据自身实际情况选择流量入口。

一、外卖App

外卖App的开发投入大、开发周期长，特别是双系统模式的费用更高（安卓/ios）。外卖App适合完全面向市场的专业外卖服务，可以形成自流量和粉丝，和异业合作有较高的话语权，从而带来主营业务外的其他收入。

二、第三方外卖平台

第三方外卖平台拥有市场上最大的外卖流量，是一个用餐饮业态为自己带来增值的公共平台，靠抽佣和第三方合作盈利，非常强势，餐饮业态没有话语权，本质上是第三方的餐饮代工方，比如饿了么、口碑、美团，适合市场上所有想开展外卖服务的餐饮商家。

三、基于公众号开发的自建平台

基于公众号开发的自建平台费用低、周期短，后期可以功能扩展，但盈利模式单一，完全靠餐饮外卖服务获得盈利，关键是流量的获取需要投入，流量及粉丝的积累更需要时间，适合有一定餐饮客群，在此客群基础上增加外卖服务，增加客群基数的餐饮商家。

细节84：综合考量，慎重选品

有些餐饮老板看见堂食店里某些菜品卖得很好，就直接上外卖了，做了一段时间，发现顾客普遍觉得这些菜很难吃，或者是上外卖之后根本就不挣钱了。

那是因为选品选错了，有的菜品根本就不适合做外卖。

外卖选品需要参考以下5个因素。

（1）产品好吃永远是基础。外卖的好吃一定是经过30分钟之后还能好吃。

（2）易于操作、易于标准化。外卖盈利靠销量，所以出品一定要易于操作。

（3）低毛利菜品要慎重。除非这些菜品能给你引流，不然很不划算。

（4）配送难，或者是菜肴成本高的，要慎重。

（5）外卖是多品好还是单品好？市场容量大、消费者多适合做单品，显得专业；用户量小的地方多品、丰富性比较重要。

细节85：专人专管，与客互动

外卖服务与餐饮实体门店服务有区别，外卖顾客点单后，他能直接体验到的服务就是配送，但配送这一块往往并非自有团队，很可能是第三方配送或某些公共平台配送。

那我们如何与这些客户建立链接？答案就是线上后台，根据线上外卖的售卖情况，制定持续而且有针对性的互动。

比如，周一是外卖的低峰日，可以在后台设立折扣及买赠，或配送免费等。如果是自有App，或自建的公众号外卖平台，那活动的内容和形式就更加多样了，比如抢红包、抢霸王餐、有奖猜谜等。

细节86：外卖包装，提升体验

当互联网遇上餐饮，餐饮经营者对外卖越来越看重，外卖的包装颜值更是重中之重，不只有餐饮企业环境才能吸引顾客，好的外卖包装一样能留给顾客良好的印象。那么外卖包装如何选择呢？具体要求如图11-1所示。

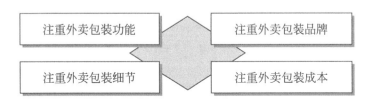

图11-1　外卖包装的选择要求

一、注重外卖包装功能

外卖包装的功能性不只是装食物。如果顾客拿到的外卖，汤洒得到处都是，饭菜油油腻腻混作一团，会严重影响顾客的就餐体验，所以外卖包装的功能性不是单纯的装东西，更要尽可能保证外卖到达顾客手中时，保持菜品最初的形态，方便顾客食用。

比如，顾客点的外卖是米饭和炒菜，包装可使用分格饭盒，将饭菜分离，讲究实用；顾客点的外卖是馄饨，应选择碗底较深且质感结实的碗，以便承受馄饨汤汁的重量，并配备长柄勺。

二、注重外卖包装细节

如果外卖包装吃饭没筷子、喝汤没勺子、饮料没吸管，虽然都是小失误，但会让顾客觉得商家没有诚意，顾客点外卖虽然看不到餐饮企业装修效果，但从外卖包装可以感受到商家的服务态度，为了避免这种忘记送餐具的低级失误，外卖包装可以将餐具和腰带设计在一起，这样就不会忘记了，既提高了餐饮企业的工作效率，又显得别致，让顾客感受到商家的用心。

三、注重外卖包装品牌

搞外卖的餐饮企业这么多，一样的外卖包装，没有自己餐饮企业的标识，顶多就是订单上一个单薄的名字，订单吃完饭就丢了，下一次或许就完全忘记曾经吃过什么了，外卖包装就是一次餐饮企业的自我展示机会，可以在外卖包装上进行餐饮 VI 设计，多一些品牌细节展现，给顾客留下深刻印象，让顾客形成对餐饮品牌的认知。

四、注重外卖包装成本

外卖包装设计要符合常理，毕竟外卖包装也是要计算成本的。如果成本太高，餐厅接受不了，顾客也接受不了，毕竟顾客的主要需求是吃饭，通常来说外卖餐具的价格应该不超过客单价的 10% 是比较合理的。

细节87：权衡利弊，入驻平台

现在随着外卖这个行业的发展，第三方外卖平台开始深受欢迎，美团外卖、饿了么、滴滴外卖等都是餐厅适合入驻的外卖平台。餐厅经营者在准备将餐厅入驻外卖平台时，可以根据需要选择入驻哪个平台或者是多个平台，但要权衡利弊。

一、饿了么平台

2009年4月，饿了么网站正式上线。2018年10月12日，阿里巴巴集团宣布正式成立阿里巴巴本地生活服务公司，饿了么和口碑会师合并组成国内领先的本地生活服务平台，使命是"重新定义城市生活，让生活更美好。"口碑专注到店消费服务，饿了么专注到家生活服务，两者将共同推动本地生活市场的数字化，让线下没有难做的生意。

截至2018年12月，阿里本地生活服务公司覆盖676个城市和上千个县，活跃商户数350万，活跃骑手数66.7万人。

随着网络外卖的发展，越来越多的餐饮企业选择在网络外卖平台开店引流，那么如何入驻饿了么呢？具体步骤如图11-2所示。

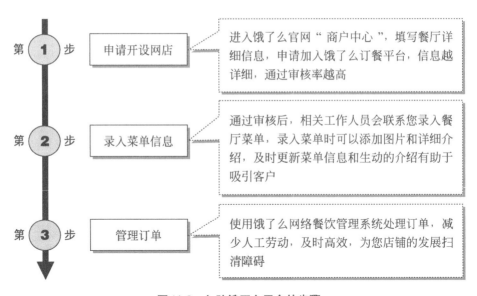

图11-2　入驻饿了么平台的步骤

二、美团外卖平台

美团外卖于2013年11月正式上线，是美团旗下的网上订餐平台。上线之初，美团外卖挂靠在美团网上，借其流量入口，用户可根据所在地检索附近可送外卖餐厅，并进入后台直接点餐，在下单前留下送餐地址、姓名和手机号即可，支付选择货到付款的方式结算。

1.入驻美团外卖的步骤

商家入驻美团外卖的步骤如图11-3所示。

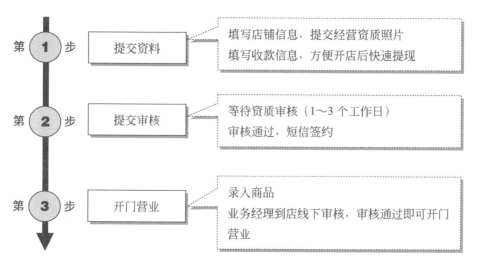

图11-3 入驻美团外卖的步骤

2.入驻美团外卖的条件

商家入驻美团外卖需具备如图11-4所示的条件。

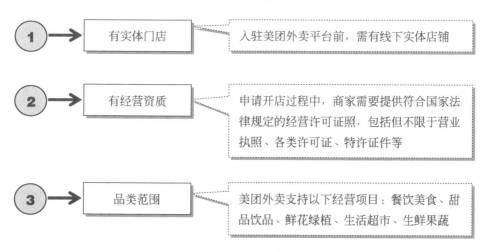

图11-4 入驻美团外卖的条件

细节88：掌握技巧，提升销量

外卖平台的销售链条大致包括店铺曝光、进店人数、店面下单率、顾客客单价和店铺回购率五个要素和环节。餐厅经营者可从以下5个方面着手来提升店铺的外卖销量。

一、提升店铺曝光次数

店铺曝光即为店铺（虚拟门头）在平台中向用户展示的次数，这是店铺产生潜在消费者基数的判断标准。如果你的店铺曝光率低，其他环节即使再好，都无法提高外卖销量。

提升曝光的办法如图11-5所示。

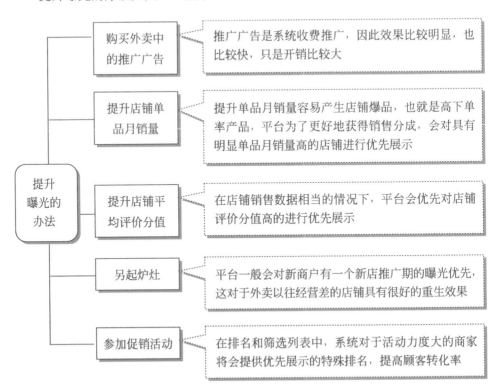

图11-5　提升曝光的办法

二、提升进店人数

进店人数即为展示后，有多少用户点击店面链接，进入店内浏览产品。和实体店的区别是，外卖平台进店和消费的比例与线下近乎99%有着明显的差异。如何在展示后吸引用户点击进店显然是网络外卖的第一道分水阀。

提升进店人数的办法如图11-6所示。

办法一　为店铺设计符合餐品定位的展示标志

> 一个美观大方的标志会让顾客产生品牌信任感，对餐品可靠度产生一定的购买前好感，从而进店浏览

办法二　明显的平台通用类活动

> 平台通用类活动可以增加，以提高"爱占小便宜"的群体客户的进店率

办法三　争取平台排行榜排名

> 每个平台都会推出品类区域排行榜，店家可选择一两款爆款针对品类冲榜，可以优先增加店铺进店人数的转化

图 11-6　提升进店人数的办法

三、提升店面下单率

进店后顾客是否下单是能否提高店铺营业额的关键，那么如何提高下单率将决定了前面两个环节价值的具体实现过程。一个下单率高的店铺往往销量会呈现爆发式增长。

提升店面下单率的办法如图11-7所示。

办法一 将爆款产品放置首位

一个月销量超过 200 的产品一般会产生爆品效应，带动无法选择的客户延续购买，实现下单率最大化

办法二 设置不同的细分品类

以区域客户习惯设置简单清晰的分类目录，帮助顾客快速找到自己期望的餐品种类，避免浏览复杂而放弃点单

办法三 清除零销售产品

不少店铺产品太多，一大堆零销售产品，清除零销售产品将有效提升顾客对店铺产品满意度，提高下单率

办法四 撰写功能清晰的产品名称

产品名称很短，那么这几字的描写将严重影响顾客下单率，比如，莲菜饺子和瘦身莲菜饺子，后者将对女性产生更强的购买影响力

办法五 撰写有趣的产品描述

每一个产品都有一段描述空间，很多店主不重视，但是这一段描述，将有效提升产品的感知价值和购买意愿，诙谐有趣是互联网消费群非常关注的要点，比如，清炒苦瓜的描述可以写为"人生也许不尽如意，吃点苦日后焉知非甜"

办法六 为每一个产品提供精美的具有品牌特色的展示图片

很多店主为了省事从平台图库选择产品图片，省事的同时，就失去了店面独有的特色，当然自身照片太差的店还是用图库的好

图 11-7 提升店面下单率的办法

四、提升顾客客单价

店铺的顾客客单价是外卖营业额锦上添花的部分。一般来说单店客单价比较稳定。

提升客单价的办法如图11-8所示。

办法一 设计热销品类

将爆款产品和爆款配套产品贴近排放，有效提升顾客客单价

办法二 减少同类型同价位非爆款产品

有些店铺为了迎合顾客选择，将同价位不同产品放置很多，这样会严重降低客单价，因为其忽略了外卖客户意见领袖对下单的影响力

办法三 设置套餐选项

为顾客提前规划好套餐内容，一次下单直接购买套餐，比如，肉夹馍、凉皮、稀饭套餐，原价20，套餐价18，这将有效提升客单价

办法四 为高利润产品加上图片标签

上传菜品信息的时候图片是可以自己编辑的，为高利润产品标记上菜品标签，如推荐等，可以有效提升店面意愿产品的销量

图11-8　提升客单价的办法

五、提升顾客复购率

顾客复购率将在数据排名和店铺经营稳定性等几个维度保持店铺的外卖网店具有可持续性，降低采购难度。

顾客复购率提升办法如图11-9所示。

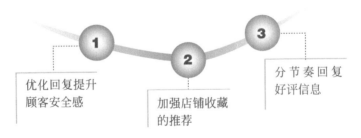

图 11-9　顾客复购率提升办法

1.优化回复提升顾客安全感

很多店铺并不关注顾客回复，认为购买过了就不需要好好回复，只设置机械的回复话术，让顾客始终感觉在和机器人自动回复对话，感觉店家不够用心。好的回复话术应该至少向如图 11-10 所示的 3 个目标努力。

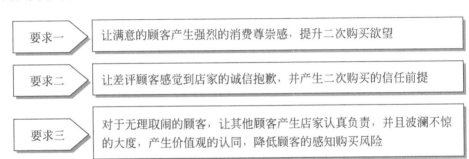

图 11-10　好的回复话术要求

2.加强店铺收藏的推荐

我们都知道平台是一个逐利的战场，新店、品牌推荐等曝光手法层出不穷，让顾客轻易的找到我们唯一可以凭借的就是店铺收藏率。那么回复内容中、活动推介中都可以大力度加强店铺收藏的推荐环节。

> **小提示：**
>
> 从线下店的角度来说，网络平台的店铺收藏甚至可以媲美店面会员卡的作用，提升复购率不言而喻。

3.分节奏回复好评信息

这是一个隐藏技巧。很多平台具有新评论和新回复优先显示的规则，因此，对于好评，特别是详细好评信息的分步骤回复，并适当提醒收藏店铺，是邀请顾客二次消费的有效保障。

比如，顾客今天吃了你家的龙虾，明天继续吃的可能性并不大，但是2天后二次点单概率会增加，而你的回复将像一条广告信息一样提醒顾客，您可以再次点击我们了。这是平台内，唯一的用户信息推送广告形式。

细节89：顾客评价，及时回复

很多店家都有一个认知误区：只有差评才需要回复评价。其实，评价回复会影响店铺评分，进而影响排名，用好评价回复，还能达到和用户有效互动、宣传品牌的效果。所以，无论是好评还是差评，都应当天给予回复。

一、及时地回复评价

想要更加及时地回复评价，那就少不了回复模板。店铺应针对好评、差评等不同情况，及用户评价中经常出现的问题，整理一套回复的话术。

对好评表示感谢，差评的表示抱歉，留下联系方式。

比如，客人备注了不辣，但是收到的却是辣菜。这确实是商家做的不对，所以商家要在第一时间表达歉意，找出自己的不足之处，有则改之无则加勉。

二、评论区可用作广告宣传

如果用户对某款产品表示满意，店家在表示感谢的同时，还可以告知用户产品是独家秘方或经过复杂的工艺制作的，或者借机宣传店铺同类其他产品。如图11-11所示。

bxC857857227　　　　　2017/09/04
评分

好吃好吃！咖喱特别好吃！

商家回复(1天后)：嘿嘿，现在上线的咖喱是我们改良过很多次之后的菜品，越来越多人爱上了咱家的咖喱，后续有可能还会推出其他咖喱类菜品，要多关注哦！

图11-11　店家回复截图

细节90：团队作战，分工协作

很多餐厅做外卖都是堂食员工"兼职"，缺乏专业的运营团队去管理。

然而外卖已经进入精细化运营时代，线上运营是重中之重，要运营好一个外卖店一定得是团队作战。一个完整的外卖运营团队，需要以下5个角色。

（1）店长：主要工作是管理，掌控整个店铺，做店铺整体规划。

（2）运营专员：负责提高店铺的转化率，做营销策划、自建和上报活动、店铺装修及其他店铺内的运营。

（3）推广专员：负责提高店铺流量，负责店铺排名、各大流量入口的引流和付费推广。

（4）产品经理：负责产品微创新、产品描述、产品上新、开发爆款产品等。

（5）客服专员：负责提高店铺评分、回复店铺评价、整理顾客反馈意见。

> **小提示：**
>
> 餐饮企业可根据店铺规模，一人一岗，也可以是一人多岗。

细节91：精细运营，留住顾客

一、优化店铺菜单，减少顾客选择难度

菜单，往往直接决定了一家餐厅的营收能力。

快节奏的生活环境中，繁多的菜品和"抓不住重点"的菜单无疑增加了顾客的选择难度，抬高了盈利门槛。所以餐饮企业店长需要根据目标消费群体的情况，精简菜单，设计定价，设计招牌产品，设置高性价比的套餐组合，让用户快速选择产品。

另外，店铺还可以线上线下相互导流，抓住各种机会曝光自己的产品，让顾客记住我们的品牌。

二、精细化运营，提高销售额

店长可根据店铺情况，抓住重点运营时段制定不同标准，进行精细化管理。比如，有的品类重点销售时间是在午时，有的则在晚上，那么可以根据该品类特点，调整菜单结构，在该品类重点时段设置满减活动，增加优惠力度，以此提高品类销售额。

当然，也可以结合当季主推产品，进行一系列的菜单优化，以此提升应季产品销售。

三、坚持外卖产品主义，打造良好的用户体验

餐饮企业店长应重视这些细节：菜单结构、定价、用户、包装、配送体验等。对于外卖而言，包装所起到的只是辅助营销作用，菜品的品质和送餐的效率，才是一家外卖餐厅赢得用户信赖的根本。

客户希望订餐需求能够随时得到快速的响应，不希望等待和浪费时间，因此在线外卖服务供应链中，配送环节是餐饮供应链的核心。

要想配送快，那么店家必须先做到快速出餐，所以堂食与外卖完全可以准备两套菜品，外卖餐品只需遵循出餐快、口感佳两个原则。

这么做一方面可以尽量把控出餐时间，尽量在5分钟内完成；另一方面，选择的菜品不能在送餐中流失它的美味。

> **小提示：**
>
> 有些工序过于复杂的菜品，容易随着配送时间而损害口感，所以外卖餐品尽量避免工序较多。

四、冬天天气变凉，注意为菜品保温

外卖和堂食区别之一，在于外卖送到用户手里时可能会变凉。冬天的食物保温问题一直让外卖商家头疼，店铺可以选用牛皮纸包装袋，起到保温作用。

五、产品为王，提高品牌辨识度

对于餐饮而言，味道才是品牌的生命力。好的包装、好的服务只是加分项，

好的产品才能带来回头客。

很多外卖品牌都是走多品类销售路线，看似给消费者带去更多选择，但有时未必是一件好事。多品类的经营不仅给商户带来经营难度，也很难给消费者带去一个记忆点，所以单款爆品其实更适合新外卖品牌初期拓展。

但无论是单品类销售，还是其他经营模式，好的品牌都需要好好打磨，要以产品和用户体验为结果导向，将产品作为品牌最强有力的支撑。

餐饮店长怎样

带队伍

——店长管理的100个小细节

第12章　成本控制

导言

　　成本控制直接关系到整个餐厅的营业收入和利润。餐厅在满足宾客餐饮需求的同时，还担负着为餐厅提供赢利的服务，如果成本失控，就会影响餐厅的经营成果，甚至造成不应有的亏损。因此，为保证餐厅的既得利益，必须加强成本控制管理。

细节92：全员参与，全程控制

全员成本目标管理是项全员参与、全过程控制的目标管理体系，是种管理理念，更是套管理方法，推进全员成本目标管理是项持久性、系统性的工作，需要企业各部门以目标为导向，全员参与、全过程控制，积极配合，使之发挥管理实效。

一、全员成本目标管理的特点

全员成本目标管理，就是通过全员参与制定成本目标、全过程控制成本目标、全方位管理成本目标，形成一整套面向全业务、覆盖全要素、贯穿全过程的成本控制措施，具有如图12-1所示的特点。

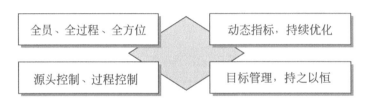

图12-1　全员成本目标管理的特点

1.全员、全过程、全方位

全员成本目标管理是全员参与，以成本目标为导向，对生产经营全过程实施全方位控制与优化的一整套成本控制方案，它要求从每个经营活动的开始就体现成本管理、优化资源配置、提高每项支出性价比的控制理念，直至整个经营活动的全过程。

2.源头控制、过程控制

全员成本目标管理是强化了从"头"开始的过程控制，要实现以操作控制指标来保证经济技术指标的完成，来保证财务指标的完成。

3.动态指标，持续优化

全员成本目标管理强调了"建标、对标、追标、创标"，要求在各个环节开展"比学赶帮超"活动。"标"是动态的，体现"没有最好，只有更好"的工作理念。没有标准的要建标准，有标准的要达到更高的标准，应使整个成本管理工作都处在不断改进、提升的过程中。

4.目标管理，持之以恒

只要企业经营，成本目标管理就始终处在不断优化的过程中。在这个过程中需要持续推进和完善管理机制，总结在优化管理和"建标、对标、追标、创标"中好的、成熟的经验，不断提升成本控制管理能力。

二、推行全员成本目标管理的关键

持续推进全员目标成本管理，强化全体员工参与成本管理和控制的意识，形成成本控制的长效机制，是企业实现降本增效的关键抓手，是提高企业核心竞争力的驱动因素，而企业推行全员成本目标管理的关键主要体现在如图12-2所示的5个环节。

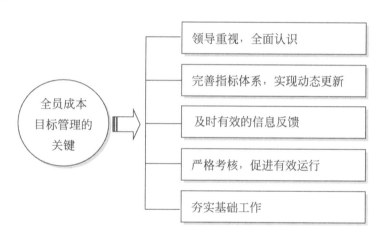

图12-2　全员成本目标管理的关键

1.领导重视，全面认识

成本费用控制是一项系统工程，需要各部门密切配合，得到高层领导的支持是非常重要的，而企业的日常事务，是由广大员工来执行的，他们会直接或间接地影响成本费用水平。因此，要加强宣传，使成本费用理念深入人心，让每一个员工知道，他们的行为也会对公司的成本造成影响。

2.完善指标体系，实现动态更新

建立完善、动态更新的指标体系是开展全员目标管理的难点。与全面预算管理相比，各层次成本单元的指标体系组成更为细化，控制点继续向基层延伸，将操作控制指标与经济技术指标挂钩，经济技术指标与成本费用指标关联，形成源头有指标，过程有跟踪控制，目标值在不断提升的动态循环机制，使成本管理得到持续改进。

3.及时有效的信息反馈

建立及时有效的信息反馈机制，使全员成本目标管理的过程控制落到实处，实现实时跟踪，及时发现问题并反馈给责任人进行改进，把握住过程中的各个关键点，利用信息化手段，将目标成本管理和企业生产、经营、销售各环节都连接起来，各种数据都能够在同一个平台进行交流、传递和使用，各种指标的联动性程序化、表格化，过程控制和结果的考核自动化，形成闭环上升的运行轨迹，以满足建标、追标持续改进的要求，也为成本管理考核评奖提供依据。

4.严格考核，促进有效运行

企业必须有科学、合理的考核监督机制，使管理模式形成闭环而达到"上升"运行。

5.夯实基础工作

各项指标参数的准确、可靠获得非常重要，它关系着全员成本目标管理是否能够取得实效，完备计量设备、规范统计计量方法应该是做好此项工作首先要考虑的一项基础工作，以保证各项指标的真实、可靠。

三、推行全员成本目标管理的措施

对于餐饮企业来说，可采取如图12-3所示的措施来推行全员成本目标管理。

加强对员工的思想宣传及业务培训

建立相应的奖惩机制强化员工意识

措施

设立以成本控制为导向的企业文化

图12-3　推行全员成本目标管理的措施

1.加强对员工的思想宣传及业务培训

通过对员工不断进行成本意识方面的教育来强化全员厉行节约的内在动力，向员工宣传贯彻企业的成本控制理念，积极倡导成本是企业的核心竞争力，提高员工的主人翁意识，从上至下，由管理阶层做起，形成良好的节约成本意识。

2.建立相应的奖惩机制强化员工意识

建立激励机制，通过设置与成本费用控制相关的奖励及惩罚机制来激发员工的成本控制的热情。采用成本评估系统来测评员工在工作中节约的成本费用，并根据节约的成本费用的金额比例来相应给予奖励，同时也可根据浪费的情况，给予一定的惩罚措施，使员工充分认识到成本控制的重要性，并主动控制成本费用。

3.设立以成本控制为导向的企业文化

通过企业文化向员工传递节约成本与提高利润的观念。将降低成本的工作从财务中心扩展到企业的采购、验收、仓储、后厨、服务等各部门的每个成员，激励企业上下共同树立成本控制的意识，形成"人人节约"的企业文化氛围。

细节93：厨房浪费，严厉杜绝

在物价不断攀升的情况下，餐厅一定要懂得如何降低厨房成本，减少厨房的浪费，做到开源节流。以下介绍的7种浪费现象都是在酒楼餐厅中经常出现的现象。

一、烹调技术上的浪费

要减少烹调技术上的浪费，有以下两种应对方法。

（1）对厨师的业务素质定期培训。只有对厨师进行系统的理论培训，使他们对烹饪原料的基本属性有一个明确地认识，这样才能确保不会出现烹调方法上的失误。

（2）制定标准烹调程序。如果把酒店中所涉及的菜肴的烹调程序以表格的形式写出来，发给厨师学习，就可以防止因为操作不当引起的浪费。

比如，把烹调时间（油炸时间、成菜时间）、烹调温度、火候等需要量化的东西制定出来，让厨师严格按照烹调程序烹调，就可以有效地防止烹调技术上的浪费。

二、加工技术问题导致的浪费

要避免加工技术问题导致的浪费，有以下3种应对方法。

（1）严格规定原料的净料率。只有规定严格的净料率，才能规范粗加工环节，使这种潜在的浪费得以控制。

比如，山药如果直接拿来去皮，皮黏而厚且脆而易断，可是如果把它带皮煮一下再去皮，就会容易得多，而且去的皮也没有那么厚，这样一来就减少了不必要的浪费，使原料的可利用率增加。

（2）制定严格的原料加工程序。以标准菜谱的形式来制约厨师在工作台中的随意性，标准菜谱中已定死了的多少原料出多少成品，厨师就要严格按照标准菜谱的要求去做，否则就要进行必要的处罚。

（3）专人专职负责。厨房中的用人也是关键，厨师的专长不一样，技术特长也不一样，让每个人只负责他最拿手的一块，他会越做越好，利用率就越高。

比如，一个人经过三个月的培训，在肉类加工上的出料率是酒店最高的，另一个人的海鲜加工是最好的，如果现在将两个人的岗位对换一下，两边的出料率肯定都会有下降，但是让他们来培训，就会有很明确的方向性和准确性。

三、下脚料上的浪费

厨房里，通常会在砧板边堆满各式各样的下脚料，这些看似派不上用场的东西，就会被大手大脚的厨师顺手倒在垃圾桶里。虽然都是些不值钱的东西，但积累下来是一个惊人的数字。

针对下脚料的浪费现象，我们可以采取以下3种方法来避免。

（1）强制执行。其实有些下脚料，只要厨师动脑筋想想，完全可以做成精美的菜肴。

比如，削花剩下的胡萝卜可以用来做熬蔬菜水的原料；剩下的姜、葱叶和虾头用来炼制料油；老白菜帮可切丁腌小菜或包包子等。一般情况下，厨师长要带头动脑筋思考利用下脚料的好方法，一旦有了方法，就要强制每一位厨师执行，而对于不屑于用下脚料的厨师要做出严格处罚。

（2）用发奖金的形式督促厨师用好下脚料。如果下脚料浪费现象严重，而又没有好办法解决，这时候可以利用发奖金的形式激励各位厨师发挥其才智，充分利用下脚料。相信在奖金的激励下，厨师创新的积极性一定会高昂。

比如，有些餐厅推出的"美极西芹根"，就是将刮去老皮的西芹根切薄片，然后用冰水冰镇后经美极鲜味汁调料拌制而成的，这道菜清爽鲜脆，深得客人的赞赏；还有一些餐厅将花叶生菜使用后所剩下的心部嫩叶和西芹芯、萝卜皮（雕花所剩）等组合在一起，做成"丰收菜篮"，旁边再配上面酱、虾酱等，就成了人们喜欢的美味；还有做土豆丝剩下的边角土豆，可以用来做土豆泥，或可以做成土豆丝饼等。

（3）厨师长检查垃圾桶。厨师不用下脚料，很多时候不是不会，而是懒，像香菜根、萝卜片、白菜帮等下脚料收起来麻烦，还得洗、切，因此累了一天的厨师们干脆就将它们扔进垃圾桶，然后再盖张报纸以防被厨师长看见。针对这种情况，厨师长就要每天翻看一下垃圾桶，看是否有这种浪费现象。

四、滥用调味品、装饰物造成的浪费

调味品如果量放的适当，当然能增加菜肴的色香味，但是有很多没有经过培训的厨师会误认为量越大效果就越好，这其实是一种思维误区。再加上现在餐厅中所用的各种调味品、装饰物成本很高，这样就会进一步增加原料的成本。

比如，有个小伙子在做海鲜汤时就爱用高汤去调味。一瓶"乾隆一品汤王"能调50份左右，他最多只能调20份。餐厅有一款海鲜疙瘩汤一直卖得很好，可是从他来了之后这款菜受到了很多人的投诉，原因是海鲜汤变了味。通过调查才发现原因就出在这个小伙子过分使用调料上，海鲜汤被他放调料放得都成了调料汤了，这不仅影响了菜品的品质，更增加了原料的成本。

避免这种浪费现象的发生，应根据不同菜肴的风味，严格掌握调料的使用量。不做"调料大厨"，最好的办法就是制定标准菜谱，严格规定各种调料的用量，然后把贵重调料按照每一个标准单位分量分成固定的小份，这样在用的时候既保证了用量的标准，又节省了时间，可谓是一举两得。

五、原料调料储存上的浪费

要减少原料调料储存上的浪费，应对方法有以下3种。

（1）建立合理的原料库存制度，根据原料的特性制定适合它们的正确存放方法。原料在储存中造成浪费的最主要原因是储存方法不正确。

比如，土豆、洋葱摆在潮湿的地方，很容易发芽；叶菜放在通风处就很容易失水；茭白放置一段时间后就会发黑。

（2）建立和制定好调料添加程序。

比如，在倒入新调料时，把容器内剩余的部分先倒出来，放入调料后再将剩余的那部分调料放在最上面，这样，最先用光的就是以前的了，既保证了调料的质量，又不至于造成成本浪费。

（3）建立出入库标准。出库坚持"先存放，先取用"的原则，不让原料在存放时因过了保质期而造成浪费。入库时认真查看原调料的保质期并做好记录，对保质期短和数量较多的物品分类，并且要和总厨、采购员沟通，保证其物品能在保质期内用完。

六、传统工作方式造成的浪费

传统的加工方式所造成的浪费表现在很多方面：因没有净菜供应而造成厨房的用水过多；烹调菜肴时食用油使用过多；为加工一道特殊菜、特色菜投入过多，造成燃料、水、电等成本浪费；学徒工加工菜肴不成功造成的浪费；炉台调料、汤料因保管不善变质或剩余浆、糊、粉、芡料的浪费；使用后的炸油、腌渍主料的调味料弃料、不够单独加工一份菜肴使用的剩余蛋液、熬油后的油渍、鸡和肉泥剩料即某些调味料也多数都被倒掉或用水冲入下水道等。

传统加工方式的浪费有些是不可避免的，但有些是能减少或杜绝的，作为工作人员不能轻视这类浪费现象，应该设法改进加工方法，从采取更合理的加工方式入手，最大限度来减少浪费。

比如，速冻食品要明确保管人的责任，应该按当天的出品份数和用量合理预算、提前自然解冻，杜绝用水长时间冲化，这样不仅减少了原料的营养和味道的流失，还节约了用水；冰箱、冰柜冷藏室的菜架、调料架也要配专人管理，定期清理，发现腐败变质过期的材料要及时处理，以免传给其他原料，做到新老交替使用。

七、责任心不强造成的浪费

这是指管理不严或者责任心不强而造成的浪费，此类浪费现象几乎随时随处可见。

比如，厨房自来水的跑、冒、滴、漏或用后不关；炊事电器设备的空转；空火炉灶不及时关、压火；照明灯具长明不关；排风、排烟设备空转；原料加工无计划或一次性加工过多而造成的浪费，或因未经及时加工处理而造成霉变、混杂、污染等，最后只能做垃圾处理；对于厨房炊具、炉具、机冷藏、加工器具、消毒电器等因使用不当造成损坏报废等。

以上现象都是责任性浪费的种种表现，属于无谓的浪费。要杜绝人为浪费，就要加强员工的责任感，平常也要培养员工手脚勤快的习惯，安排工作要注意责任到个人。

比如，最简单的洗菜择菜，首先要明确洗菜人的责任，还要让他了解到洗菜

餐饮店长怎样**带队伍**——店长管理的100个小细节

的一些常识：菜要择洗干净，洗菜后要控干净水，尤其在夏天，如不控干净水，菜很快就烂掉了；随手关灯、关水龙头等。

细节94：增大销售，降低成本

无论客人数量多少，许多成本都是没有多大变化的，如租金、人工成本、电费等。增大销售就是降低成本，店长应注重在销售环节的成本控制。

一、突出经营特色，减少成本支出

依靠别致的环境和口味吸引，用常变常新的菜品来吸引客人。从成本控制上考虑，如果要采取多种经营，成本上就会很铺张，管理也会增加很大难度。

二、从销售角度调整成本控制

体现餐厅特色，由服务员推荐及厨师亲自推荐来进行宣传、推荐新的菜品。餐厅有剩余原料推广介绍力度就要更大一些，如没有效果，就内部消耗掉。同时要寻找原因，口味问题还是外界原因，是口味问题考虑更换菜单。

三、增加客人人数

产品和服务有一个普遍接受的市价，通过异质产品提供，营造客人对餐厅的忠诚感，可达到增加就餐人数的目的。要有计划性地将本餐厅的产品和服务与竞争对手区别开。

确定菜品种类时考虑厨房设备、厨师技术力量、成本等因素；需要增加就餐人数时，制定适当的方案去达到预定目标；持续形成大量等位现象时，通过产品调整、价格调整、菜品质量更精细、服务水平提高等方法减少就餐人数。

四、增大销售及客人购买力

1.菜单编制
菜单编制要利于影响客人购买餐厅最想售出的菜品，其要求如图12-4所示。

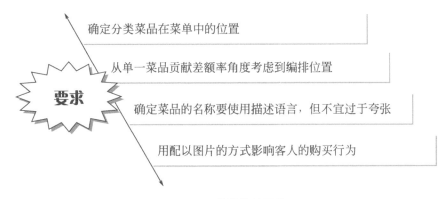

要求

确定分类菜品在菜单中的位置

从单一菜品贡献差额率角度考虑到编排位置

确定菜品的名称要使用描述语言，但不宜过于夸张

用配以图片的方式影响客人的购买行为

图12-4　菜单编制要求

小提示：

图片影响消费的作用较大，配图比例不当，可能造成经营管理者不愿见到的结果。

2.推销技巧

服务员把菜品和饮品的信息传递给客人，引起兴趣，激发购买欲望，促成购买行为，必须使用正确的销售技术，不能盲目"营销"。

（1）服务员的自我销售。良好的仪表、正确的站姿、自信的神态等。

（2）准确预计客人的需求再进行销售。熟悉菜品是餐饮推销的前提，服务员要熟悉菜单上的每个菜品，熟悉各菜品的主料、配料、烹调方法和味道。菜品的介绍要能调动客人的购买动机。

（3）如果看到客人在点菜时犹豫不定，服务员可适时介绍，推荐高价菜品或高利润菜品。一般来说，高价菜品和饮料，其毛利额较高，同时这些菜品和饮料的确质量好、有特色。

（4）正确使用推销语言。服务员应具备良好的语言表达能力，要善于掌握客人的就餐心理，灵活、巧妙地使用推销语言，使客人产生良好的感受。服务用语要简洁、短小、精悍，同时又能吸引客人，有助于餐饮的推销。

（5）为客人介绍菜品时要有针对性，时刻为客人着想。服务员应了解客人的用餐目的，面对不同的客人、不同的用餐形式、不同的消费水准，进行有针对性的推销。

比如，对家宴要注重老人和孩子们的选择；对情侣则一般要侧重于女士的选择。

不同客人菜品推销方法

一、按年龄销售

1.儿童

现在很多家庭都只有一个孩子，只有满足了孩子，全家才会皆大欢喜。作为服务员，千万不可忽视为儿童客人的服务，因为其成功的消费经历可能为服务员带来更多的潜在客人。服务员在为儿童设计和推荐菜品时，要注意以下4个方面的因素。

（1）菜肴色泽要鲜艳，质感鲜嫩易消化，口味清淡无刺激，甜酸适宜。

（2）菜品属营养丰富、易消化的滋补类。

（3）原料的形状要小，便于儿童食用，且刀工精细。

（4）菜肴的烹调方法尽量以使用爆炒、汤爆、软熘、清炖、水煮、清炸、蜜汁、挂霜等方法为宜。

为儿童推荐的菜式，比如"韭黄炒鱼子""绿豆芽炒鳅鱼丝""胡萝卜西红柿鸡蛋汤""虾仁扒大白菜""鱼片菠菜汤""黄瓜炒鸡肝""萝卜瘦肉汤""蔬白炒虾米""大骨炖萝卜"，均可助消化、补脑益智，且营养丰富，有利于儿童的生长发育。

2.青年

青年消费者的特征是，身体处于最佳生长时期，身体健壮、精力充沛、追求时尚，喜欢创新的前卫菜式。服务员在为青年消费者设计菜品时，可就以下3个方面着手进行推介。

（1）体现西方饮食文化的时尚潮流菜式，备受青年白领的喜爱。

（2）年轻人追求的是吃得"酷"，奇特食材，如昆虫、花类、海水蔬菜、山野菜、绿色环保蔬菜，也备受年轻人的喜爱。

（3）菜品要天天出新，以便满足年轻人求新、求异、求时尚的需求。

适宜为青年人推荐的菜式包括"油炸蚕蛹""核桃全蝎""野生菌汤""川味菜水煮鱼"等。

3.中老年人

生活节奏的加快，日常营养的丰富，使许多中年人身体器官提前老化，很多中老年人大腹便便。服务员在为这部分客人设计和推荐菜单时要注意以下事项。

（1）多选一些富含优质蛋白的鱼类，多补钙。

（2）多食新鲜蔬菜和豆制品，减少热能的源头——脂肪、糖类，多推荐低脂的菜品。

（3）菜肴的烹调方法为炖、清蒸、煨制等，这样有利于补充体内缺少的营养素，排出体内多余的垃圾。

适于为中老年人推荐的菜式包括：滋补类菜式，如"鲫鱼炖豆腐""肉丝炒时蔬""盐水排骨""白萝卜炖肉"等；降脂排毒的菜式，如"黑木耳炒白菜""清炒丝瓜""黄花菜炒肉丝"；家常的菜式，如"韭菜炒肉丝""清炒蕨菜""苦菜烧肉片""魔芋豆腐""香椿炒竹笋"等。

二、按性别销售

1.女士注重养颜美容

爱美女士最担心的是容颜的衰老，尤其是在商界打拼的白领女士。所以，服务员在为此类客人推荐菜品时，应多考虑防止脸部皮肤老化、滋润皮肤的食材组成的菜品，比如"草菇炒笋片""红烧皮丝""大葱烧蹄筋""排骨墨鱼煲""银耳鸽蛋汤"等。

另外，服务员平时自己就应对此类食材多加了解和掌握，以便在点菜时能运用自如。有助于女士皮肤的滋补、除皱，调解血液的酸碱度，防止分泌过多油脂的食材包括如下种类。

（1）牛奶。牛奶能改善细胞活性，增强皮肤弹性、张力，除去小皱纹，延缓皮肤衰老。

（2）肉皮。肉皮中含有丰富的胶原蛋白，能使细胞变得丰满，增加皮肤弹性，减少皱纹。

（3）海带。海带中含有丰富的矿物质钙、磷、铁及多种维生素，其中维生素B_1、维生素B_2含量丰富，常吃可调解血液中酸碱度，防止皮肤分泌过多的油脂。

（4）西蓝花。西蓝花富含维生素A、维生素C和胡萝卜素，能保持皮肤的弹性和抗损能力。

（5）三文鱼。三文鱼所含的脂肪酸有一种特殊的生物活性物质，这种物质能消除破坏皮肤胶原的保湿因子，防止皮肤粗糙和皱纹的产生。

（6）胡萝卜。胡萝卜富含胡萝卜素，能维持皮肤细胞的正常功能，保持皮肤润泽和细嫩。

（7）大豆。一般指黄豆，其中富含维生素E，能破坏自由基的化学活性，可抑制皮肤衰老，防止黑斑的出现。

（8）猕猴桃。猕猴桃富含维生素C，可干扰黑色素生成，有助于消除皮肤上的雀斑。

（9）西红柿。西红柿含有大量的维生素C和茄红素，有助于展平面部的皱纹，令肌肤光亮细嫩。常吃西红柿，能增强肌肤抗晒能力。

（10）蜂蜜。蜂蜜中含有大量氨基酸且易被人体吸收，含有多种维生素和糖，常食蜂蜜能使肌肤滑嫩、红润、有光泽。

2.男士注重壮阳补肾

随着经济的不断发展，商业应酬往来的频繁，很多男士多在饮食上注重补肾疗痿、固精防遗、壮阳强身。所以，对于男性客人，服务员要根据所在餐厅的食材，为客人推荐壮阳补肾的菜品。比如补肾疗痿的菜式，如"杜仲炒腰花""枸杞子汁烩排骨""韭菜炒羊肝""虫草炖黄雀""红烧牛鞭"等；壮阳强身的菜肴，如"红烧海参""麻油腰花""红烧羊肉""爆炒鳝鱼片""椒盐泥鳅"等。

三、按体质销售

1.体质虚弱者

通常，体质虚弱的客人一般胃的消化能力较差，服务员最好能为其提供一些好消化、易吸收、暖胃的菜品，比如"清蒸鲈鱼"等。适宜用的食材有鹅肉、牛奶、蜂蜜、芝麻酱、银耳、核桃仁等，千万不能推荐冰爽刺身生吃之类的菜式。

2.糖尿病人

糖尿病是因体内胰岛素不足而引起糖、脂肪及蛋白质代谢紊乱所致，表现出人体消瘦、多食、多饮、多尿。由于此病为燥热阴虚、津液不足，故当为此类客人选择以滋阴清热、补肾益精、少糖、低热能、多优质蛋白和富含无机盐及维生素的菜肴，以补充营养，减少胰岛素分泌的负担，如"山药莲子大枣炖羊肚"；另外，新鲜蔬菜南瓜、冬瓜、豇豆、芹菜和猪脑、木耳、蘑菇类食材组合的菜式也比较适宜，如"蛋黄焗南瓜""家常南瓜片""瘦肉冬瓜汤""蘑菇扒芥蓝""鸡蛋煎猪脑"等。

3."三高"客人

"三高"是指高血压、高血脂、高胆固醇的人群，这是典型的老年病症，服务员可为他们选择诸如"葱烧海参""海蜇皮拌黄瓜""香醋拌木耳""煲海参粥""煲莲子粥"之类的菜品。

对于此类客人，服务员在为其推荐菜品时，应注意以下4个方面。

（1）食材和菜肴应以疏通血管、稀释和降低血脂、降低胆固醇为目的。

（2）要选择适宜的食材，如燕麦、荞麦、麦麸、小麦、玉米、薏米、高粱米、绿豆等富含植物蛋白和粗纤维的杂粮。

（3）选择新鲜蔬菜，如油菜、芹菜、苦瓜、黄瓜、茼蒿、芋头、土豆、红薯、西红柿等；海鲜品应选择海参、海带、海蜇、海藻类；干果类应选择菱角、花生、莲子、向日葵；适宜的水果包括山楂、柿子、香蕉、西瓜、桃子等；此外，鸭蛋、黑木耳、黑芝麻等也比较适宜推荐。

（4）菜式要少盐，口味清淡；油脂少，便于消化吸收，利于降低血压、血脂和胆固醇。

细节95：完美服务，减少浪费

楼面服务员直接为客人提供服务，其实在服务环节也会涉及成本的控制，因此，餐饮店长要加强在服务环节的成本控制。

一、服务不当情况

服务不当会引起菜品成本的增加，主要表现如下。

（1）服务员在填写菜单时没有重复核实客人所点菜品，以至于上菜时客人说没有点此菜。

（2）服务员偷吃菜品而造成数量不足，引起客人投诉。

（3）服务员在传菜或上菜时打翻菜盘、汤盆。

（4）传菜差错。如传菜员将2号桌客人所点菜品错上至1号桌，而1号桌客人又没说明。

小提示：

加强对服务人员职业道德教育并进行经常性业务技术培训，端正服务态度，树立良好服务意识，提高服务技能，并严格按规程为客人服务，不出或少出差错，尽量降低菜品成本。

餐饮店长怎样带队伍——店长管理的100个小细节

二、防止偷吃菜品

 **情景再现** ▶▶▶ --------------------------------

伍先生和朋友到一家饭店吃饭，期间各要了一份"凉拌花生"和"红烧鱼块"，可能因为当时客人太多，他等了半个小时也没有上菜，于是他就到厨房去问。就在这时，伍先生看见一名服务员端着一盘"凉拌花生"走过来，令伍先生吃惊的是，这名服务员边走边用手拿着花生吃。

伍先生顺着服务员望去，这名服务员竟然走到了自己的桌子旁并把"凉拌花生"放在桌子上。伍先生在气愤之下找到了经理，经理当即对那名员工进行了批评，给伍先生换了一份"凉拌花生"并向伍先生道歉。

员工偷吃菜品，可以说是屡禁不止的现象，在许多餐厅都存在着。员工偷吃不仅不卫生，更影响餐厅形象，因此必须杜绝这种现象。可以实行连环制，来杜绝员工偷吃菜品的现象。

比如，发现一个员工偷吃，则告诉他：如果一个月内能逮住偷吃的人，那偷吃的事就算了；如果逮不住，这个月被人偷吃的所有费用全部由他来承担，还要继续这项"工作"三个月。这样就可以有效防止员工偷吃。

三、避免打翻菜

服务员在传菜或上菜时打翻菜，这主要是由于员工操作失误所导致的，因此要尽量避免。服务员应掌握上菜顺序，因为上菜顺序不当可能造成失误。

四、尽量减少传菜差错

传菜部是主要承接楼面与厨房、明档、出品部之间的一个重要环节，起到传菜、传递信息的用途，是餐厅不可缺少的环节。因此，要做好对传菜人员的培训，从而控制成本。对传菜员的具体要求如下。

（1）要按餐厅规定着装，守时并服从指挥。

（2）开餐前要搞好区域卫生，做好餐前准备。

（3）保证对号上菜，熟知餐饮企业菜品的特色、制作原理和配料搭配。

（4）熟记餐厅的房间号、台号，保证传菜工作准确无误。

（5）在传菜过程中，应做到轻、快、稳，不与客人争道，做到礼字当先，请字不断，并做到"六不端"：温度不够不端、卫生不够不端、数量不够不端、形状不对不端、颜色不对不端、配料不对不端，严把菜品质量关。

（6）餐前准备好调料及传菜工具，主动配合厨房做好出菜前的准备。

（7）天冷时应备好菜盖。

（8）负责前后台的协调工作，及时通知前台服务人员菜品的变更情况，做好厨房与楼面的联系、沟通及传递工作。

（9）安全使用传菜间的物品、工具，及时使用垃圾车协助前台人员撤掉脏餐具、剩余食品；餐具要轻拿轻放。

（10）做好收拾工作，垃圾要按桌倒，空酒瓶要摆放整齐。

（11）传菜员在传菜领班的直接指挥下开展工作，完成传递菜肴的服务工作。传菜员对领班的工作安排必须遵循"先服从后讨论"的原则。

（12）传菜员要按照相应的规格水准，做好开餐前的准备工作。

（13）传菜员应确保所有传菜用的餐具、器皿都清洁、明亮、无缺口。

（14）传菜员在工作中应保有促销意识，抓住机会向顾客推荐餐厅的各项服务及各种优惠政策，提高顾客在餐厅的消费水平。

（15）当顾客要求的服务项目无法满足时，传菜员应及时向顾客推荐补偿性服务项目。

（16）传菜员在工作中发现本企业有不完善的制度或需改进的服务，必须及时向上一层领导反馈，并想办法解决问题。

细节96：建立机制，控制收入

收入是保证利润的前提，控制好收入至关重要。

一、固定基本菜谱

明确菜谱及价格，并由专人及时输入电脑。其他菜肴如调整，按规定的程序进行更改和调整，海鲜类等时价菜如变动不大，可按5～7天（或更短时间）做一次调整。

二、规范陈列柜菜牌

陈列柜菜牌须严格按菜谱规范标明，点菜时，点菜员也须严格按菜牌名称记录齐全，不得简写或改写，以免收银员输入时混淆和算错价格。

三、凭单输账

收银员点菜输入须准确按点菜单名称输入，如有价格不符或有误，应立即通知当事人（点菜员）或厅面督导查询清楚，不得随意按点菜单输入或随意修改菜谱输入。

四、盖章出品

要求所有点菜单（含酒水单）都应盖有收银专用章，以防止飞单，收银专用章应由收银员专人保管。

五、复核账单机制

两人当班的，一人输入电脑，一人手工计算，并相互核对，特别对于贵重的海鲜、菜肴、酒水，更要着重复核斤两、价格或数量等，并且在买单时，要提醒服务员复核，防止错漏、错退。

六、核对机制

（1）保存完整划菜联（酒水联），每天进行核对，设专人对送交的划菜联（酒水联）与收银账单（或酒水报表）进行核对，查核价格、数量等，防止错收漏收。

（2）核对餐饮报桌数，防止漏收，包括审核宴请免费、折旧是否合理等。

（3）对于高档食品要每天核对和统计。

细节97：收款环节，加强监管

一、防止跑单

1.提前预防

餐厅里跑账的现象也时有发生，这就要求特别留意以下5种情况，以便及时防止跑账、漏账事件的发生。

（1）生客，特别是一个人就餐的客人，比较容易趁工作繁忙时，借口上厕所、餐厅里手机信号不好、到门口接人等趁机不结账溜掉。

（2）来了一桌人，但越吃人越少，也难免会有先撤下一部分，剩下一两个借机脱身的打算。

（3）对坐在餐厅门口的客人要多留个心眼。

（4）对快要用餐完毕的客人要多留心，哪怕是客人需要结账，也要有所准备。

（5）对于不问价钱，那样贵点哪样的客人，一定要引起足够的重视。

小提示：

> 一般来说，公司即使是宴请重要的客人，也不可能全都点很贵的菜式，只要有一两样高档的、拿得出手的菜也就可以了，而且汤水和其他家常菜、冷盘也会占一定比例，这也是点菜的均衡艺术，更何况公司宴请也会有一定的限额，不可能任意胡吃海喝的。

2.发现客人逐个离场

当发现客人在逐个离场时，要引起高度的重视，要做好以下工作。

（1）需要服务其他客人时，眼睛要不时注意客人的动态，及时向主管报告，请求主管抽调人手，派专人盯着剩余的人员。

（2）如果这时客人提出要上洗手间，要派同性的服务员护送、跟踪，如果客人提出到餐厅外接电话，则请客人先结账再出去。

（3）负责服务的人员和负责迎宾的服务员，要注意他们的言行和动作，发现可疑情况立刻报告，并派专人进行服务，直至客人结账。

（4）不要轻易相信客人留下的东西，如果有心跑单，会故意将不值钱的包像宝贝一样的抱住，目的就是吸引服务员的注意，然后将包故意放在显眼的位置，让你以为他还会回来取，从而给他留有足够的离开时间。

3.发生客人没有付账即离开餐厅的情况处理

一旦发生客人没有付账即离开餐厅这种情况时，注意处理技巧，既不能使餐厅蒙受损失，又不能让客人丢面子而得罪了客人，使客人下不了台。出现客人不结账就离开餐厅这种情况时，服务员可按下述两条去做。

（1）马上追出去，并小声把情况说明，请客人补付餐费。

（2）如客人与朋友在一起，应请客人站到一边，再将情况说明，这样，可以使客人不至于在朋友面前丢面子而愿意合作。

二、结账时确认客人房间号

在为包间客人结账时，包间服务员一定要陪同客人前往收银台或包间服务员代为客人结账，否则很容易出现错误，比如弄错包间号或消费金额，给餐厅带来损失。

三、采用单据控制现金收入

单据控制是餐厅有效控制现金的重要手段。单据控制最重要的是注意"单单相扣，环环相连"。餐厅的现金收入主要包括现金、餐单、物品三个方面，这三者的关系，具体如图12-5所示。

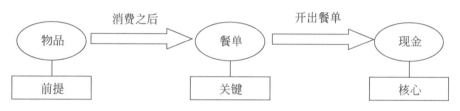

图12-5　现金、餐单、物品三者关系

通过图12-5可以看到，将餐厅的物品供客人消费，然后开出餐单，最后就收回现金。在这三者中，物品是前提，现金是核心，而餐单是关键。因此，餐厅要想管理和控制餐厅现金就须将物品传递线、餐单传递线、现金传递线协调统一起来。

四、有效监管收银人员

餐饮店长应加强对收银人员的监管，来有效控制收款环节的成本。具体见表12-1。

表12-1　收银人员的监管

序号	监管要点	具体措施
1	现场巡视	（1）楼面经理要经常在收银台周围巡查 （2）经常检查废纸篓的作废小票，对收银台遗留散货、杂物必须在规定时间内清理，确保机台无遗留有效商品条码、小票及其他单据等 （3）对收银员在收银台放计算器、带涂改液或商品条码的行为立即纠正 （4）每天查看后台的相关报表 （5）定期盘点其营业款和备用金，并认真登记每次的盘点情况 （6）监督收银员不得带私人钱钞进入收银工作区

序号	监管要点	具体措施
2	备用金核查	（1）询问收银员备用金是否清点准确→清点备用金→填写"备用金情况抽查表"→请收银员签名确认 （2）每天有选择地对备用金进行核查，收银员应积极配合 （3）应填写"备用金情况抽查表"，并由收银员签字确认 （4）核查备用金发现异常情况时，应交由上级领导处理
3	手工收银监察	（1）监察收银员和抄写人员在第一单交易和最后一单交易注明收银员号和收银台号，及每一笔交易的流水号，并在收银单上签名 （2）监察收银机纸应整卷使用，不能拆散使用；如收银纸因故被撕断，则需在断口的上半部分和下半部分处补签名，注明收银台号、流水号 （3）手工收银单第一联给客人作消费凭证，第二联留存供查账及补录入 （4）如客人使用银行卡付款，收银员应在手工收银单上注明卡号及发卡银行

五、制定收银标准制度

1.散客收款

散客收款程序如下。

（1）收银员接到服务员送来的"订菜单"，留下第一联，经核价加总后即时登记"收入登记表"以备结账。

（2）客人用餐完毕，由值班服务员负责通知收银员结账，收银员将订单中的数额加总后开具两联"账单"，由值班服务员向顾客收款，顾客交款后，服务员持"账单"和票款到收银台交款，收银员点清后在"账单"第二联加盖印章并将账单、零钱交给服务员，由其转交给顾客。

（3）收银员应将"账单"第一联与"订单"第一联订在一起装入"结算凭证专用纸袋"内。

2.团体客人收款

团体客人收款程序如下。

（1）当团体客人就餐时，餐厅服务员需根据"团队就餐通知单"开具订单并交给收银员，收银员在订单的第二、第三、第四联上盖章，之后交给服务员，第一联留存，并插入账单箱。

（2）在团体客人就餐结束后，值班服务员需开具账单，团队领队签字后，应立即将团队账单（第二联）送至楼面收银员处，让其代为收款，第一联和"订单"订在一起，装入"结算凭证专用纸袋"内。

3.宴会收款

（1）在宴会举办前，一般需要客人至少提前三个小时支付预订押金或抵押支票。

（2）预订员按预订要求开具宴会订单（一式四联），并在订单上注明预收押金数额或抵押支票价值，然后将宴会订单和预订押金或抵押支票一起交给收银员，收银员按宴会订单核价后在订单上盖章，第一联由收银员留存，第二联交给厨房备餐，第三联交给酒吧，据以提供酒水，第四联交值班服务员。

（3）宴会开始后，客人如需增加酒水和饭菜，则由值班服务员开具订单，第一联由收银员留存，与宴会订单订在一起，第二联交厨房，第三联交给酒吧，第四联由自己保存。

（4）宴会结束后，值班服务员通知客人到收款台结账，收银员按宴会订单开具发票，收取现金（注意扣除预订押金）或签发支票或信用卡。

（5）将发票存根和宴会订单订在一起装入"结算凭证专用袋"内。

4.VIP客人就餐收款

VIP客人就餐收款的程序如下。

（1）重要客人（VIP）到餐厅就餐，一般由经理级的管理人员签批"重要客人接待通知单"和"公共用餐通知单"，提前送给餐厅主管，餐厅主管接到通知后应立即安排接待工作。

（2）收银员按通知单的规定开具"订单"并请客人付款。收银员将订单、通知单和账单订在一起装入"结算凭证专用纸袋"内。

5.汇总日结

收银员清点当日营业收入，填好缴款单，与领班或主管一起再次清点现金，检查票据的填写情况。

一切确认无误后，收银员和主管或领班将营业款装入专用交款袋中并加盖两人印章，随后一同将专用交款袋放入财务部设置的专用金柜，然后按服务员收入登记表填报餐厅订单汇总表（一式三份，自留一份，报餐厅经理和财务部成本核算员各一份）、营业日报表（一式三份，送核算员、统计员各一份，自己留存一份备查）。

第12章　成本控制

细节98：节约能源，控制消耗

水、电、燃气的费用越来越高，餐饮企业为了维持利润，有必要控制水、电、燃气的消耗。因为水、电、燃气费在每个月的运营开支里都占很大一部分，而这会直接影响到餐饮企业总的销售毛利率。

一、水费的有效控制

1.前期控制措施

餐饮企业在前期装潢设计、购买设备时，就要考虑到节水问题，如选择购买节水龙头、节水型马桶等。

2.充分利用二次水

餐饮企业在营业过程中要充分利用二次水。

（1）洗菜水。大型餐饮企业的肉类加工间与蔬果加工间是分开的，清洗蔬果的水比较干净，没有油脂，可以将水存起来，再次利用。

比如，可以在管道下方设计3～4个清洗墩布的水池子，并使洗菜水顺着管道流入池中。

（2）淘米水。餐饮企业可以把淘米水集中倒入一个池子，然后接到布件间，在淘米水中加入适量淀粉，用于清洗工作服、工作帽。大型餐饮企业需要洗涤的衣物非常多，此举既可以节省部分洗涤费用，又可以节约大量用水。

（3）面汤水。面汤水的去污、去油能力非常强，可以作为洗涤剂使用，用来清洗厨房灶具。

3.常见节水措施

（1）使用节水龙头。餐饮企业应根据用水的要求和特点，使用相应的节水龙头。如在卫生间安装感应型节水龙头；在冲洗车辆、垃圾箱水管的出水口处加装水嘴，以便随时开关。

（2）在员工洗澡间安装插卡用水的电表。有的餐饮企业员工较多，员工每天都要洗澡，耗水量很大，企业可在洗澡间安装插卡用水的电表，控制员工的用水量。

（3）倘若采用合理的方法对厨房冷冻食品进行解冻，便可以节约大量水资源。餐饮企业一般应采用静置解冻法，这样既可省水，又可增加原材料的出成率。

很多餐饮企业在解冻时，会用水冲洗冷冻食品，并且至少要冲洗半个小时，这不仅会消耗大量水，而且可能会降低原材料的出成率。

（4）海鲜鱼池配备水循环过滤装置。每个大型鱼缸大约要用三吨水，如果几天换一次水，那么将会产生庞大的费用，如果安装上过滤装置，使水能够长时间进行循环，那么便可以节约大量水资源。

二、电费的有效控制

餐饮企业的空调、冰箱、冰柜以及照明设备都会耗电，企业需采用一些方法控制电费。

1. 空调

空调控制主要包括调节控制、开启与关闭控制及维护控制。

（1）调节控制。只有正确设定好空调的温度，才能节约能源。在冬季使用制热功能时，室内温度应设为20℃；在夏季使用制冷功能时，室内温度应设为26℃。

用餐区温度的测量以顾客坐下时，头部的高度为准；厨房区温度的测量，以服务员站立时头部的高度为准。为维持适宜温度，应在夏、冬两季调整空调的设定温度，其他季节依餐厅外的天气状况及温度作合理调整，并依照楼面营运状况，适时调整空调温度和运行状态。

（2）开启与关闭控制。如果餐厅拥有独立式空调设备，那么可拟订间隔式启动的时间表，一次开启1或2台空调。打烊后，关闭排油烟机，避免餐厅热气或冷气的流失。

（3）维护控制。

——每星期至少清洁一次空气过滤网和冷凝器散热网，必要时及时更换。

——定期检查空调设备内部，注意是否有损坏、异响、异味。

——每周检查空气入口及回风装置。调好空气流向，勿使其直接向下或对着墙壁及其他障碍物。

——清洁面板内的恒温器；用软毛刷将恒温器及其毛细管、护盖上的灰尘油垢清除掉；如发现毛细管卷曲，应及时予以更换（注意，须关闭电源开关）。

——每年检查2次冷媒管和通风管，注意是否有腐蚀、损坏的现象，周边是否有漏油现象（表示冷媒外泄）或风管连接处松落，并及时予以维修。

——保持冷冻圈清洁。以软毛刷清理其表面尘垢，即可保持冷冻圈的清洁。

——检查蒸发器滴盘，确定其是否清洁及干燥。

2.冷藏、冷冻系统

冷藏、冷冻系统对维持半成品的品质起着极为重要的作用，餐饮企业必须定期检查这两个系统。

（1）调整控制。设定除霜计时器，以节约能源。除霜时间最好选在卡车进货后2小时、人员不会进出冷库或开启冰箱时。除霜时间的设定应避开电力需求的高峰时段。冷藏库化霜时间一般为15～30分钟，冷冻库化霜时间一般为60分钟。

（2）开启与关闭控制。在进货时，不要关闭压缩机，卸货后再利用冷库降温比让机组继续运作的花费高。在取货或盘点时，勿让冷库的门开着，不可为了进出的方便而将空气帘推到旁边或取下。相关人员在进出冷库前应先做好计划，以减少往返次数。

（3）维护控制。与空调一样，使冷藏、冷冻系统得到良好保养，是降低能源成本最有效率的方法之一，也有助于延长相关设备的使用寿命。餐饮企业应遵循保养计划，做好冷藏、冷冻系统的维护。

3.生产区设备

餐饮企业的生产区设备是主要的能源消耗者，能源费用占总能源费用的50%～60%，企业如想节省能源就该先从此处着手。对使用独立电表及煤气的餐饮企业而言，应从实际度数中分析生产区设备实际的能源用量。

（1）调整控制。白天不需使用的设备应予以关闭。

（2）开启与关闭控制。整体设备是依据营运高峰的负载量而设计的，既然营运不会一直处于高峰期，那么企业可在一天中的某些时段关闭部分设备。

在营运平缓时应注意生产区设备，在适当时段内找出关闭设备的机会，根据设备关机时间拟订时间表，并使每位服务员都彻底了解时间表及使用设备的适当程序。

（3）维护控制。餐饮企业只有正确地维护生产区设备，才能经济地运用它。企业一定要参阅设备保养手册，并了解以下重要作业。

——保持烟道、烟道壁及排油烟机的清洁。

——根据保养计划，检查相关设备。

——检查煤气的密封圈、阀门是否完好无损、清洁无垢。

4.照明系统

餐饮企业的照明设备其实是一种营销工具，即可以使餐厅保持明亮，又有助于吸引顾客进入餐厅。餐饮企业应注意以下控制内容。

（1）颜色识别。餐饮企业可以将各种电灯开关按需要分为四个部分，每部分用一种颜色，以便识别。

——红色：任何时段都要保持开启。

——黄色：开店时开启。

——蓝色：天空阴暗及傍晚黄昏时开启。

——绿色：视需要开启。

（2）照明。照明设施可选择荧光灯、卤钨灯、LED灯等节能灯具，有条件的还可采用声光控灯具或其他节能的灯具设施。下面总结3点注意事项。

——使用节能型的照明设备。

——将餐饮企业各区域的照明、广告灯箱等的开关纳入到定人、定岗、定时、定责任的管理范围内，并根据自然环境的实际情况制定严格的开闭时间，餐饮企业应根据重点部分规划出监测点位，进行重点控制。

——员工区域及公共区域可使用声控照明或声光控照明，最大限度地节约电能。

（3）其他事项。

——各后勤岗下班时应随手关灯。

——通过声音、红外线等方式控制走道灯。

——餐饮包厢备餐时开启工作灯，开餐后开启主灯光。

——使用节能灯，将非对客区域的射灯全部更换为节能灯。

三、燃气费用控制

大多数餐饮企业都是以燃气为燃料来加工食品的，企业应根据食物制作所需要的标准时间，合理使用燃气炉。

燃气的使用者一般是厨师，因此为了节约成本，经营者要对厨师用气进行控制，要求厨师尽可能充分利用热量，减少热量损失，缩短用火时间。以下是厨师可以具体采用的6种节气方法。

（1）合理调整燃具开关的大小。在烧水时应将火焰尽可能开大，以火焰不出锅壶底部为宜；在水开以后，应将火调小并盖上锅盖。

（2）防止火焰空烧。炒菜前要先做好准备工作，以防点燃火后手忙脚乱。在水烧开后，应先关火，然后再提开水壶，以免忘记关火；在烧火前，不要先点燃火再去接水放锅。

（3）调整好火焰。当发现火焰呈黄色时，可调整风门，清理炉盘上的杂物，检查软管或开关是否正常；检查锅底的位置是否合适，不要使它压在火焰的内锥上。此外，还应设法避免穿堂风直吹火焰。

（4）尽可能使用底面积较大的锅或壶，因为底面积大，炉灶的火可开得大些，锅的受热面积大，同时灶具的工作效率也高。

（5）烧热水时应尽量利用热水器，因为热水器的热效率大大高于灶具，同时还可节省时间。

（6）改进烹调方法。如改蒸饭为焖饭、用普通锅代替高压锅。

四、节能减排管理

1.加强员工培训管理

只有当每位员工都主动做好节约资源的工作，餐饮企业才能成功实现资源的节约。为此，餐饮企业要注意以下3点内容。

（1）重视节约资源的宣传教育工作，提高员工对节能减排工作的紧迫性和重要性的认识，定期对员工进行设备使用培训。

（2）提高全体人员的节能环保意识，积极鼓励员工进行节能减排创新。

（3）对员工的节水、节电、节气行为实施制度化监控。禁止员工用流动水冲融冰冻食品。

2.提高客人的节能意识

餐饮企业可在餐厅中的公共区域设置节能、低碳宣传角，提高客人的节能意识。

3.奖励制度

餐饮企业可在员工中开展节能培训和讨论工作，调动员工节能的积极性，并设立员工节能创新奖等。

细节99：餐具使用，降低损耗

一、餐具破损的情况

餐具破损的情况如下。

（1）玻璃器皿和瓷器破损率最高。

（2）楼面使用的小餐具损耗率较小，厨房使用的大餐具损耗率较高。

（3）由服务员清洗的小餐具损耗率较小，由洗涤部清洗的餐具则损耗率高。

（4）由服务员保管的餐具破损率较小，由洗涤部管理的餐具损耗率较高。

二、餐具破损原因

餐具破损原因主要包括两个：一是人为破损；二是因为使用时间长或质量差而造成的自然破损。餐具的人为破损原因，主要包括以下13个方面。

（1）托盘或其他装餐具容器没有放稳。

（2）托盘上餐具装得太多支持不住。

（3）运送餐具时装得太多或不整齐，过沟或斜坡时餐具滑落。

（4）洗碗间餐具台上餐具太多太乱，服务员不方便下栏，使餐具继续堆积以致压破或倾倒。

（5）将玻璃杯装入不合适杯筐，使杯子受压或受挤而破损。

（6）生意清淡时，员工打闹嬉戏造成餐具破损。

（7）由于地滑，员工摔倒而造成餐具破损。

（8）餐具叠放太高，由于不稳造成斜倒而破损。

（9）壶类餐具的小配件丢失，如椒盐瓶的皮盖、酱醋壶的盖等。

（10）外卖时装车不正确因受压而破损。

（11）员工心情不好时摔打餐具泄愤而破损。

（12）新员工对操作规范还不太清楚，对餐具破损没有认识。

（13）清洗时洗涤剂放得太少，也会造成破损。洗涤剂太少洗不干净，在擦拭时就会用力，而造成破坏。

三、餐具破损预防方法

（1）将餐具重新归类，按要求放到盆中。一般情况下先洗玻璃器皿，再洗瓷器，玻璃器皿盆中最多放三至四个，瓷器放八个左右是比较安全的。

（2）清洗时，一般用两盆温水，夏天水温40℃，冬天可以再高一些。其中放餐具洗涤剂时，一般是瓶盖的三至四盖为宜，这样较容易擦洗干净。

（3）服务员端托盘时，一般情况下，一个托盘放八套杯具是最安全的。

（4）遇到客人敬酒或激动时，服务员要有意识地做到重点跟进，适当提醒客人，或移开其面前餐具。

（5）加强对服务员端托盘平稳度的练习。

（6）加强新员工对餐具爱护意识的培训，在实践工作中多跟进指导，同时安排老员工进行重点指导。

餐具管理小窍门

1.专人负责，每月盘点

厨房里餐具管理，要确定"专人负责，每月盘点"的原则。

月底或刚接手新厨房的时候，由部门负责人和财务部专人，彻底清点厨房所有餐具，登记数量和完整度。比如平底盘有多少、完好度100%的为多少、有轻度裂纹的有多少、盘边有缺口的有多少，并按类分别存放，需要报废的就彻底报废。

清点的时候一般还需要接手人跟随，如打荷或清洁员，这样当场就可交接清楚。清点后还需要制作表格，将数据系统整理，并折合价格，公布于众。清点完毕后，与以前记录作对比，并找出缺损，同时前期数据作废。

2.高档餐具专人专管

一些异形的餐具和高档餐具，比如金银器、彩陶盘、水晶器等，在使用和管理方面可以采用专人专管的方式。

比如说金银餐具，指定由李某来管理。在使用过程中，李某必须对这种餐具的清洗、"流动"、使用、存放等各个环节进行跟踪管理，一旦这种餐具出现破损，立即就可以找到当事人。

3.环环相扣，互相监督

"环环相扣、疏而不漏"——为杜绝破损的餐具上台面，各个岗位都要达成共识：厨房出品不用破损的餐具→传菜员不传有破损的餐具→服务员发现破损的餐具不上桌→管事组不清洗有破损的餐具，发现破损上报领班追查原因后，再清洗入柜，不向厨房提供有破损的餐具。

某个环节发现破损的餐具，各级领导追究责任到底，找出原因和责任人，具体由前台及管事的主管负责实施。

细节100：支出成本，严格控制

一、低值易耗品费用控制

餐厅低值易耗品包括一次性筷子、餐巾纸、餐巾布、洗洁精、拖把、地刮子、抹布、皮手套、清洁球、冰盒等。虽然每件物品都成本低廉，但是每个月的全部总计费用也是不可忽视的，所以必须加强控制。

1.一次性使用产品的控制

一次性使用产品包括餐巾纸、牙签、一次性筷子、洗涤剂、卫生纸等。这些产品价格低，因此其费用往往被人忽略，但是大型酒楼对这些用品消耗较多，一个月的消费量也是很大的。要控制一次性使用产品的消费量，就必须做到节约，专人、专管、专盯，计算好其使用量。

2.可重复使用产品的控制

可重复使用的产品包括桌布、口布、小毛巾、陶瓷器具、玻璃器具等。只要掌握正确的使用方法，降低损坏率，延长其使用寿命与次数，就能节约成本。

比如，在定购餐具时，不能只考虑其外观，还要考虑其实用性。餐厅一定要购买便于保存、运输、洗涤的餐具。盘子应尽可能选择圆形的，因为圆形盘子使用时间更久。有些形状很特别的餐具很容易碰碎，也会给清洗带来一定的难度，增加报损率。玻璃器皿的选择也应遵循这一点，玻璃器皿易碎，其数量应控制在器皿总数的25%以下。

3.办公用品的控制

办公用品费用包括计算机和网络维护、日常办公用纸笔的消耗等。计算机采用专人专管专门操作的方法，尽量降低其维修费用，延长其使用寿命，以降低成本。打印纸可双面使用，笔用完之后换笔芯，尽可能不购买新笔。在餐厅能正常运转、营业的情况下，应尽可能地节省费用。

二、折旧费用控制

餐厅折旧费是一项经常性支出费用，因此要进行合理控制。一般来讲，餐厅折旧主要针对的是各种固定资产。

比如，空调最好是3年就更换一次，否则很可能其产生费用会超过其本身价值。

作为固定资产的营业设施，其价值是在营业中一年一年地逐年消耗的，需要进行折旧处理，又因为其收益也是逐年取得的，需要考虑货币的时间价值。

资产折旧额直接影响着餐厅的成本、利润以及现金流量的多少，是一项很关键的财务数据。正确地计提固定资产折旧，是实现固定资产的价值补偿和实物更新，保证餐厅持续经营的必要条件。

三、有效控制停车费

1.餐厅自有停车场

如果餐厅有自己的停车场，那么停车费管理比较简单，只需要安排保安员进行管理就可以了。

2.租用停车场

许多餐厅都是租用停车场来为客人提供停车服务的，因此需要支付租用停车场的费用。长期以来，就餐免费泊车一直是很多餐厅揽客的普遍招数，当然，多数免费泊车，其实是餐厅与停车场达成协议，由餐厅为顾客统一垫付停车费的。

因此餐厅在租用停车场时，一定要签订停车场租用合同。

四、减少修缮费

餐厅的房屋需要修缮，由此会产生修缮费用，因此需要在平时注意保养，减少修缮次数，从而减少修缮的费用。

同时，在签订租赁合同时，要注意明确房屋修缮费用如何支付，注明所租房屋及其附属设施的自然损坏或其他属于出租方修缮范围的，出租人应负责修复；承租人发现房屋损坏，应及时报修，出租人在规定时间内修复；因承租人过错造成房屋及其附属设施损坏的，由承租人修复赔偿。

此外一定要爱护并合理使用房屋及其附属设施，尽量不要私自拆改、扩建或增添，如果确实需变动的，必须征得出租人同意，并签订书面协议。